伟人的青少年时代

周 恩 来

郑春兴　主编

时代文艺出版社

图书在版编目（CIP）数据

周恩来 / 郑春兴 主编. —长春：时代文艺出版社，2012.6（2022.6重印）

（伟人的青少年时代）

ISBN 978-7-5387-2750-0

Ⅰ.①周… Ⅱ.①郑… Ⅲ.①周恩来（1898~1976）—生平事迹—青少年读物 Ⅳ.①K827=7

中国版本图书馆CIP数据核字（2009）第104215号

出 品 人　陈　琛

责任编辑　王　峰

排版制作　初昆阳

周恩来

郑春兴　主编

出版发行 / 时代文艺出版社

地址 / 长春市福祉大路5788号　龙腾国际大厦A座15层　（130118）

总编办 / 0431-81629751　发行部 / 0431-81629758

官方微博 / weibo.com/tlapress

印刷 / 三河市东兴印刷有限公司

开本 / 660mm×940mm　　1 / 16　字数 / 100千字　印张 / 10

版次 / 2009年6月第1版　印次 / 2022年6月第9次印刷　定价 / 36.00元

图书如有印装错误　请寄回印厂调换

本书编委会

主　编：郑春兴

副主编：张耀军　朴景爱　辛宏志　杨　厦　张李昂
　　　　　李赫男　王艳春　戚　新　孙伟国　张桂兰
　　　　　于淑丽　于克敏　孙惠欣

编委会成员：（以姓氏笔画为序）
　　　　　马　锋　刘　伟　李文太　杨开银　张春昊
　　　　　杜　葳　李　颖　胡汉军　项　和　蒋玉容
　　　　　韩国义

目 录 MULU

少年磨难

山河破碎，民不聊生，中国已到了最危难的时候。

自甲午中日战争之后，中国就像一块大蛋糕，被各帝国主义你切一块，他切一块地进行了大瓜分。

清王朝的昏庸与腐败激怒了国人，终于爆发了轰轰烈烈的义和团反帝爱国运动和太平天国农民革命运动。

八国联军发动侵华战争期间，沙俄趁火打劫侵占东北，随之，又引发了沙俄与日本在中国土地上的战争……

就在这样的乱世年月，周恩来诞生了。

准确时间是：1898年3月5日（清光绪二十四年二月十三日）清晨。

诞生地是江苏淮安城内驸马巷周家住宅。

周恩来的祖籍是浙江绍兴。因他祖父周起魁到江苏淮安当了师

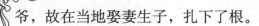

爷，故在当地娶妻生子，扎下了根。

周起魁娶妻鲁氏，生了四个儿子：周贻赓、周贻能（后改名周劭纲）、周贻奎、周贻淦。

周恩来的父亲就是老二周贻能。

周恩来的母亲叫万十二姑，是江苏清河县知县万青选的女儿，因排行十二，故得名。

周恩来还有两个弟弟；比他小一岁的周恩溥、比他小六岁的周恩寿。

周恩来不满一岁时，他最小的叔父周贻淦病危，为让病人在弥留之际得到一点安慰，也为了让病人留下的年轻的寡妻陈氏有所寄托，他被过继给周贻淦。

两个月后，周贻淦去世了。周恩来就由守寡的嗣母陈氏带在身边抚养，还为他雇了个奶妈，叫蒋江氏。

周恩来二三岁时，祖父周起魁去世，从此这个封建大家庭开始败落。

周恩来四岁时，嗣母就教他识字，五岁起，送他到私塾读书。

嗣母对他要求严格，每天早晨都得按时起床，不许他轻易出门去和别的孩子玩，几乎整天把他关在屋里念书。闲暇时，还教他背唐诗，讲故事。

周恩来不但书念得好，而且还非常孝敬父母，虽然嗣母不是他

江苏淮安城内驸马巷周家老宅

的亲母，但是他对嗣母仍然很孝顺，并且也不忘亲生父母的生育之恩，对他们都是很敬重。

他也很有礼貌，对身边的人都很尊敬、谦让。

所以周恩来很受人喜爱。

由于家里日子一天不如一天，生母万十二姑决定他们一家和嗣母搬到她娘家去住。

1904年，六岁的周恩来随同父母、嗣母和弟弟一起搬到清河县清江浦，住进万家的深宅大院。

这时万青选已经去世，万家表面看挺风光，房屋占了半条街，可实际上日子也在衰败。

周恩来的父亲在清江浦只谋到一个月薪十六元的小差事。他家积蓄也花光了，经济景况越来越糟。

这样，也让万家瞧不起，还生发出许多矛盾来。

1905年，他们一家只好搬出万家，住进与万府隔街相望的嗣母陈氏家的宅第。这是十余间旧屋，也还住得下。

生活日渐艰难，有时不得不借钱度日。生母又很好面子，便常愁闷，加上劳累，终于在1907年春患病去世。

生母病故后，父亲仍旧外出当差。

一家的重担压在了嗣母陈氏身上。嗣母本来身体虚弱，时常咳嗽。入夏后咳嗽得更厉害，吐出的痰中还带有血丝。实际上是患了肺结核，可当时医疗技术落后，无法治愈，于在第二年7月病逝。

一年之内，周恩来痛失两个亲爱的母亲，他悲痛万分。这时他才十岁。

秋冬之交，奶妈蒋江氏领着周恩来兄弟三人又回到了淮安老家。

老家的日子艰难而凄凉：祖母鲁氏已去世。伯父周贻赓、父亲周劭纲都在外谋生，收入微薄。叔父周贻奎从年轻时起就瘫痪在床。周恩来只好用稚嫩的肩膀撑起门户。

家里没有土地，没有来钱营生，如果伯父、父亲不寄回钱，只有靠借贷度日。

周恩来一面料理家务事，一面到表舅龚荫荪开设的塾馆读书。

龚荫荪去过日本，先是信奉康有为、梁启超的维新派思想，后来信奉孙中山的革命思想。他家里有许多宣传近代西方文明的新书和报刊。他不仅让周恩来读这些书刊，还给周恩来讲鸦片战争、太平天国等故事，解答周恩来提出的一些政治时事问题。后来周恩来把龚荫荪称为他政治上的启蒙老师。

塾馆还有一位龚荫荪雇请的塾师周先生，是个落第秀才，很有学问，人也较开明。他教周恩来一些四书五经之类的旧书，也不反对周恩来读一些新书。

周先生书法很好，对周恩来书法风格的形成有一定影响。

周恩来在这家私塾读了两年多，后因龚荫荪家被抄家封门，才结束读私塾的生活。

为了中华之崛起

1910年，周恩来十二岁了。他伯父周贻赓在奉天（今辽宁省沈阳市）度支司（财政局）俸饷科已升任科员，生活安宁一点，他写信让周恩来去东北读新学堂。

周贻赓很喜爱周恩来，他自己没子女，他看出这个侄子很有志向，想让侄儿多读书，日后也好有大出息。

这年春天，正好周恩来的三堂伯周贻谦到湖北公出，就顺便把周恩来和他父亲周劭纲接到了东北。

因奉天府一时找不到合适学校，三堂伯周贻谦就把他们父子领到了他供职的铁岭。他是铁岭税捐局主任。

他把周劭纲介绍到县衙门做了师爷，把周恩来送入铁岭的银岗书院读书，为父子在彭家大院找了房子。

学校里的老师经常给学生们讲述一些当时的社会危机和一些历史上每个朝代涌现出的英雄人物的故事，以此来激励学生们的爱国之心和奋发的精神。

1912年，在沈阳东关模范学校读书时的周恩来。

周恩来在东北的日子里更加感受到祖国的危机，他时时刻刻将怎样改变沙俄和日本对祖国大地的分割行为放在心中。他希望祖国一定要从苦难中，要从屈辱中站起来，一定要屹立于世界民族之林。

周恩来的心中燃烧着一把火，他强烈地感到这一切都需要有超前思想和大胆行动的人来完成，要在祖国危难的时候站出来，要大声对帝国主义说"不！"

从那时候起，周恩来就立志去做那个大声说"不"的人。

周恩来说："民族危亡，山河破碎而觉悟起来。"

那时的周恩来只不过才十四岁，但是他强烈的爱国之心和崇高的品德都是十分引人注目的。

他在一篇名为《东关模范学校第二周年纪念日感言》的作文中

写道：

　　我们是什么人？是将来拯救国家的人。我们现在是在什么地方？我们是站在一个能让我们具备拯救国民于水火之中能力的地方。我们读这么多书是为了什么？恩师教育我们，传于我们这么多知识是为了什么？就是为了让我们担起国家未来这个重担，所以我们就必须更加努力，绝对不能愧对恩师的教诲。

　　1912年，周恩来在东关模范学校成立两周年时和同学合影，前排中为周恩来。

国文教师在读到他的作文后，十分地高兴，在卷末给予周恩来很高的评语。

周恩来的性格很温和，从不争夺，但是如果遇到蛮横无理的人，他是绝对不会低头退缩的。

周恩来在银岗书院只读了半年，这年秋天，伯父周贻赓就把他接到奉天府，插入第六二等小学堂的高等丁班读书。

在这所学校，有两个教师对周恩来影响很大。

一个是历史教员高戈吾。他经常向学生宣扬反清革命，并且把孙中山领导的同盟会的刊物拿给学生读，还把邹容的小册子《革命军》借给周恩来看。

另一个是地理教员姓毛，倾向改良派，介绍学生读康有为、梁启超的文章。

周恩来在高老师的影响下，热忱地同情革命。当辛亥革命的消息传来时，他剪去了辫子。

这所学校共开设修身、国文、算术、历史、地理、格致、英文、图画、唱歌、体操十门课程。周恩来各门功课都学得很好，国文的成绩尤其突出。他的作文常被老师批上"传观"二字，贴在学校的成绩展览处，让同学们观看。

国文教员赵纯曾对同事感慨地说：

"我教了几十年的书，从未见过这样好的学生。"

周恩来课余时常读《史记》《汉书》《离骚》等书籍。

他还时刻关心国事，自己订了奉天出版的《盛京时报》，每天必读。

有一次，老师问学生："读书是为了什么？"同学们回答不一，轮到周恩来时，他声音洪亮地回答："为了中华之崛起！"

在天津南开学校

1913年2月，伯父周贻赓从奉天调到天津，任长芦盐运司榷运科科员。

十五岁的周恩来随伯父一起迁居天津，在元纬路元吉里的几间狭小的平房住下来。

同年8月，周恩来考入了天津南开学校。

南开学校是一所很有名的私立学校，创办人叫严修，在清朝做过翰林和学部侍郎。这所学校是1904年仿照欧美近代教育制度，在严氏学塾的基础上发展而成的。

周恩来在南开学校期间学习成绩很优秀，国文和数学成绩最为突出。

1916年5月，学校组织一次不分年级的作文比赛，全校共有八百多学生，每班推举五位优秀者，周恩来的作文《诚能动物

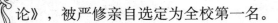

论》，被严修亲自选定为全校第一名。

周恩来还连续两年获得全校演说比赛第一名。

他作文好，演讲好，与他喜欢课外书籍有极大关系。到南开后，他又读了清进步思想家顾炎武、王夫之等人的著作，还读了西方启蒙思想家卢梭的《民约论》、孟德斯鸠的《法意》、赫胥黎的《天演论》等著作。因此，他的知识面较宽，视野和思路也比较广阔。

入学第二年，他与同班同学张瑞峰、常策欧发起组织"敬业乐群会"，他先后担任副会长、会长。

他还主持出版会刊《敬业》，在创刊号上发表了他的诗作《春日偶成》：

极目青郊外，

烟霾布正浓。

中原方逐鹿，

博浪踵相踪。

由于他的聪明才干和热心为同学办事，赢得同学们的信任。他先后担任过《校风》总经理、演说会的副会长、国文学会干事、江浙同学会会长、新剧团布景部的副部长、暑假乐群会总干事和班中干事。

周恩来生活非常俭朴。刚入学时，学习和生活费用靠伯父支持。

伯父收入微薄，家里生活还要靠伯母编织一些线袋、自行车把套、墨盒套之类的小东西贴补，所以他常常不能及时交付学费。

入学第二年，由于他品学兼优，经教师推荐，学校破例免除他的学杂费，但生活费还得靠自己解决。

因此，他在课余和假期经常为学校刻蜡纸、油印或抄写讲义，以换取一些补贴。

在穿着方面，他一直穿布衣布鞋。夏天只穿一件白长衫，入冬则在单薄的青棉袍外罩件洗得泛白的蓝大褂。

周恩来在南开学校时积极参加戏剧活动。这是他和学校新剧团主要演员合影。左后立者为周恩来。

1914年，在南开读书时的周恩来。

他没有钱吃包饭，只能在学校门口零买，或到小吃部零吃，这样可以省些钱。从家里带饭，常常没菜，只靠一小罐酱下饭。

《同学录》中对他有这样的评语：

君家贫，处境最艰，学费时不济，而独能于万苦千难中多才多艺，造成斯绩。

君性温和诚实，最富于感情，挚于友谊，凡朋友及公益事，无不尽力。

由于他人品和才学受到学校创办人严修的器重，他还差点成了严修的女婿。

周恩来的同班同学陈彰（来博），在回忆中说：

周恩来在学校里"给他的印象，概括成四个字：严肃活泼。在学时办事认真严肃；平时爱活动，很活泼，很有风趣。"

这些显然同当时南开学校的校风也有一定关系。

周恩来在南开学校期间的学习成绩很优秀。国文和数学的成绩尤为突出。南开学校对国文十分重视，每两个星期做一次作文，周恩来文思敏捷，作文不打草稿，提笔直书。

他在作文中写道：

> 呜呼，处今日神州存亡危急之秋，一发千钧之际，东邻同种，忽逞野心，噩耗传来，举国骚然，咸思一战，以为背城借一之举，破釜沉舟之计，一种爱国热诚，似已达于沸点。

周恩来当时还是一个中学生，各方面还不成熟，自己处在准备时期，他相信，现在的准备是将来的基础。"做事于社会，服役于国家，以其所学，供之于世。"

周恩来1917年以优良的成绩从南开学校毕业了，并以"国文最佳者"获得特别奖。

他在南开学习的这四年间，灾难深重的中华民族的处境正在继续恶化：

民国虽然成立了，可政权却被袁世凯窃取。英国武装侵犯西藏，沙俄策划外蒙古"独立"，日本强行提出"二十一条"，袁世凯称帝，张勋复辟，终于导致军阀割据、混战……

这一切，使对祖国怀有深挚感情的周恩来，感到极大的痛苦。他有着急切的炽热的救国愿望，可究竟怎样才能将祖国从危难中拯救出来？他找不到正确答案，他只能去求索。

他于是决定去日本留学，想亲眼看着日本在明治维新后，是怎样兴盛起来的。

当时，中日两国有一个由日本政府指定学校为中国代培留学生的协定。协定中规定：中国学校凡能考取指定的日本大专学校之一的，可以享受官费待遇，直到学成返国为止。

周恩来决定到日本报考官费留学。

可贫寒的家境连他赴日的路费也没有，好在有一位朋友借给他一笔路费，支持他去日本求学。

赴日求学

1917年9月，周恩来登轮东渡。

临行前夕，他写下了那首抒发他救国抱负的著名诗篇：

大江歌罢掉头东，

邃密群科济世穷。

面壁十年图破壁，

难酬蹈海亦英雄。

到日本东京后，周恩来与一个姓陈的留学生挤住在神田区一家"贷间"——日本有些房主将多余的住房出租，并承办租客的伙食和一般生活照料，称为"贷间"。

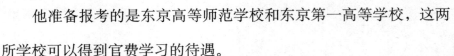

此后，为寻找房租更便宜的住所，周恩来又多次迁居。

他准备报考的是东京高等师范学校和东京第一高等学校，这两所学校可以得到官费学习的待遇。

为此，他进入一个预备学校补习大学考试的科目，主要是学习日文。因日文是这两所学校考试的重要科目，而他在南开学的却是英文。

由于他想探寻救国之道，便不愿意一味地死读书，总想多接触一下日本社会。

他在日记中，这么写道：

> 无处不可以求学问，又何必终日守着课本儿叫作求学呢？我自从来日本之后，觉得事事都可以用求学的眼光看。
>
> 日本人的一举一动，一切的行事，我们留学的人都应该注意。我每天看报的时刻总要用一点多钟。虽说是光阴可贵，然而他们的国情，总是应该知道的。

1918年1月8日，堂弟来信，告诉周恩来他久病卧床的叔父周贻奎去世了。周恩来为此想到家里没有了依靠的男子，又想到叔父的去世完全是因为没钱进行很好的医治，心中难过了好些天。

他在日记里写道：

1917年9月，周恩来赴日本求学。这是他与留日同学合影，后排右一为周恩来。

　　我身在海外，猛然接着这个恶消息。那时候心中不知是痛是悲，好像是已没了知觉的一样……想起家中一个很要紧的男子也没有，后事如何了得？这几年来八伯（指周贻奎）同八妈的苦处已算受尽了。债务天天逼着，钱是没有，一家几口人饭是要吃的，当也当净了，卖也卖绝了，借是没处借，赊是没处赊，不要谈脸面是没了，就是不要脸向人家去要饭吃，恐怕也没有地方去要。八伯这个病，虽说老病，然而病到现在何曾用一个钱去医治的呢？简直说是穷死了……连着这三天，夜里总没有睡着，越想越难受，家里头不知是什么样子。四伯急得更不用说了，只恨我身在海外，不能够立时回去帮着四伯、干爹（指周劭纲），做一点事儿，如今处在这个地位，是进不得退不得。

虽然孤寂的一个人生活在异国，家里的种种事又让他百般难受，但是，周恩来竟是一个对祖国、对亲人怀着如此深挚而热烈感情的人，很快他就又燃烧起新的希望。

他曾留下了这样一段记录：

以后我搬到神田住，忽然又为孤单独处的缘故，看着世上一切的事情，都是走绕道。"苦海无边，回头是岸"，不如排弃万有，走那"无生"的道儿（当时他曾一度考虑过：能不能用当时日本流行的佛教"无生"思想来摆脱自己内心难以忍受的痛苦），较着像少事的。闹了多少日子，总破不开情关，与人类总断不绝关系。虽不能像释迦所说"世界上有一人不成佛，我即不成佛"那么大；然而叫我将与我有缘的一一断绝，我就不能，哪能够再学达摩面壁呢？既不能去做，又不能不去想，这个苦处扰我到今年一月里才渐渐的打消了。

本来身在异乡没有亲人就孤独寂寞，这种痛苦，更让他感到苦闷得到了极点。

就在这时候，他读了陈独秀主编的《新青年》，立即被其中宣传的新思想强烈吸引了，他不仅从苦闷中解脱了出来，而且顿觉眼前变得豁然开朗。

这时候，到了考试的时间。

周恩来报考的是东京高等师范，共考八科，他因为日文差影响了总分，结果未被录取。

这对他是个不小的打击，可他并未沮丧，他自信只要再好好学习日文，一定能考取。

于是，又投入下一次考试的准备中。他给自己订的学习计划是：每天读书十三个半小时，休息和其他事三个半小时，睡眠七个小时。

但是，一场突发的爱国运动却打乱了周恩来的学习生活。

大约4月初，传出消息：日本政府准备同北洋军阀段祺瑞政府秘密签订《中日共同防敌军事协定》，要联合出兵西伯利亚镇压俄国十月革命。

5月初，日本第一高等学校的中国留学生首先发难，主张全体留学生离日回国以示抗议。其他学校的学生也纷纷集会响应。

5月10日传来消息：著名报人彭翼仲为示抗议从轮船上跳海自

杀，并留下一首绝命诗。其中两句是：

霹雳一声中日约，亡奴何必更贪生？

留学生们的发难集会，彭翼仲的死，对周恩来刺激强烈，他毅然丢下书本，投身到留学生的抗议运动之中，加入了留日学生组成的爱国团体——新中学会。

由于周恩来满腔热情积极参加爱国运动，考试方面没有准备好，以致第二次考试又因日文、日语成绩不好而落榜。

他很懊丧，可他这时的心思已不在考试上，他开始接触宣传马克思主义的著作。

他在日记中写道：

二十年华识真理，于今虽晚尚非迟。

1919年3月，周恩来得知他的母校南开学校决定创办大学部的消息，决定回国学习，以便更好地从事爱国运动。

投身五四运动

1919年1月，第一次世界大战结束后，战胜国在巴黎凡尔赛宫召开和会，对战败国德、奥实行全面清算，按各国实力进行分赃。本来中国也站在战胜国一边，可中国提出维护国家主权的要求被拒绝。会议还决定由日本接管德国在山东的特权。而卖国的北洋军阀政府竟准备在条约上签字。

消息传回国内，激怒了全国人民。

5月4日清晨，由北京大学学生率先发起了五四运动，各地学生纷纷响应，并引发了各地工人罢工，形成浩大的声势。

周恩来回国后正赶上五四运动。他到天津后，立即到南开学校去，以校友的身份参加这一群众爱国运动。

6月下旬，周恩来担任《天津学生联合会报》主编。他搬进南开学校居住，为筹办报纸积极奔走。

7月21日，报纸终于创刊。

在报纸发刊前，为了扩大宣传，周恩来写了《天津学生联合会报发刊旨趣》，发表在《南开日刊》上。

这篇《发刊旨趣》在社会上引起强烈反响，天津各大报纸纷纷转载，为《会报》发刊造足声势，吸引了近五千份订户。

周恩来在《会报》创刊号上发表了《革心！革新！》的发刊词，受到人们广泛好评。

由于五四运动的暴发，在巴黎和会上，中国代表拒绝在和约上签字。但是，山东问题仍是全国人民关注的焦点。

8月初，山东戒严司令、济南镇守使马良悍然宣布全省戒严，残酷镇压当地爱国运动，并捕杀了回教救国后援会会长马云亭等三人。

消息传到天津，爱国群众人人义愤填膺，学生运动重新高涨起来。

8月6日，周恩来在《会报》上发表《黑暗势力》一文，发出大声疾呼：

国民啊！国民啊！黑暗"排山倒海"的来了！

我们应当怎样防御啊？要有预备！要有办法！要有牺牲！

推倒安福派，推倒安福派所倚仗的首领，推倒安福派所凭借的军阀，推倒安福派所请来的外力。国民自觉！国民自觉！现在就是时候了。

三天后，该报又发表了一篇《讨安福派的办法》。

为要求北洋军阀政府严惩马良，天津学联和女界爱国同志会共同商定，决定派人去北京请愿。

但派去北京的十五人代表却被北洋政府逮捕了。

周恩来劝慰各校异常愤怒的代表，说：

"大家不要激动，也用不着惊慌紧张。被捕，是对我们的考验。我们现在最急于做的就是营救他们，这也是掀起继续爱国运动的好时机。"

随后，以周恩来为主编的《会报》开始呐喊助威。天津学生有两千多人到北京包围总统府、国会和国务院，要求释放被捕代表。

但反动政府动用军警，把学生们驱赶到天安门前，乱棍打散，打伤一百多人，还逮捕了几个代表。

为了救援这些代表，天津学生近六百人再次到北京。这一次，周恩来也身在其中。他们同北京各界代表一起，连日在总统府门外露宿请愿，全国各地也纷纷声援。

8月30日，两次被捕代表终于全部获释，学生们的斗争胜利了。

9月2日，周恩来和女界爱国同志会的张若名、郭隆真等七人一起坐火车回天津。

在火车上，他们热烈地交谈着。以前，由于封建习俗的束缚，男女学生不能同在一个团体中活动，只能分别参加天津学联和女界爱国同志会。

可在实际斗争中，这个界限被一步步冲破。

所以，当张若名提出：

"我看，我们应该把两个团体合并起来。"

周恩来就说：

"我赞成。我提议，学习北京的经验，从两个团体中选出一些骨干分子，组成一个比学联等组织更严密的团体，从事科学和新思潮的研究，并出版一种刊物。"

他的提议立即得到大家的赞同。

经过十多天准备，9月16日，他们决定出版一种不定期的小册子《觉悟》，并成立了一个独立团体，叫作"觉悟社"。

为体现男女平等，觉悟社最早只有十人，男女会员各十人。他们当中有：周恩来、邓颖超、马骏、郭隆真、刘清扬、张若名、李毅韬、谌志笃等。

觉悟社的宗旨是：

1919年9月16日，周恩来等在天津成立了觉悟社。该社由天津学生运动的积极分子组成。周恩来主编的社刊《觉悟》于1920年1月出版。这是觉悟社部分成员的合影。后排右一为周恩来，右三为邓颖超。

9月21日，李大钊应邀来到觉悟社讲话，对该社不分男女的组合和出版刊物的做法表示非常赞成，并提出了分类研究问题等许多具体建议。

9月25日，南开学校大学部开学，设文、理、商三科，学生共九十六人，教师十七人。周恩来正式注册入学，进入该校文科学习。

两个月后，大学部改名为南开大学。

南开学校开学后，学生又从四面八方回到学校，学生运动又迅速高涨起来。

为了继续声讨马良在山东的罪行，天津学生又派代表同山东、上海等地代表再次赴京请愿。周恩来也是代表之一，主要负责通信联络，所以代表们被捕时，他侥幸躲过。又经过斗争，被捕代表六天后获释。

10月10日，天津各校学生和各界群众近五万人齐集南开大操场举行共和八周年的纪念会。

会后游行，却遭到保安队、警察的拦阻和殴打。邓颖超被殴打时吐了血。

游行队伍继续行进，到警察厅时，公推周恩来、李毅韬等四人为代表，到警察厅提出质问。

10月下旬起的两个多月，觉悟社活动频繁。除请名人演讲，还确定会所，设立共同的图书室，召开各种问题的讨论会。

11月16日，日本暴徒在福州制造了枪杀中国居民的"福州惨案"，举国为之震动。

11月25日，天津学生一千多人游行讲演，散发传单，声援福建人民。

12月10日，由男女学生合组的天津中等以上学校学生联合会成立，周恩来被选为新学联的执行科长。他15日到天津总商会讨论抵制日货的具体措施。

20日，在南开操场召开有十多万人参加的国民大会，当场焚烧在街市检查所得的十多卡车日货。事后又举行了示威游行。

27日，天津各界群众数万人在南开操场举行第二次国民大会，会后游行，并高呼"救亡！爱国！牺牲！猛进！"等口号。

群众的大规模爱国运动令反动当局感到恐慌不安，下令警察镇压。

1920年1月23日，学联调查员在检查日货时被日本浪人毒打。各界代表到省公署请愿，军警又殴打学生，并逮捕各界代表马骏、马千里等十二人。

25日，天津各界联合会、学生联合会等办事机构一律被查封。

局势险恶，但反抗却没有停止。

1月29日，各校学生近六千人集合后，由周恩来为总指挥，奔赴直隶省公署请愿。

学生们推举周恩来、郭隆真、于兰渚、张若名四人为代表，去与省长交涉。

省长曹锐不敢出见。

周恩来把手一挥，大声说：

"他不出来，我们冲进去！"

说完，带头往里就冲，另三个随行，冲过军警阻拦，闯进省公署，全部被拘捕。

外面的学生遭到军警的毒打，重伤五十多人，造成天津"一二·九"流血惨案。

在狱中

　　周恩来四人被捕后，同原先被捕的代表一样，被关押在警察厅的营务处，彼此不能见面。

　　警察厅长杨以德亲自审问周恩来说：

　　"你们要承认是受人利用的。"

　　周恩来回答说：

　　"我们学生做事纯本天良，却不是被人利用。这次到省公署请愿，就是这样的。"

　　周恩来还写了一封质问被拘捕理由的信给杨以德，表示抗议。

　　之后，杨以德等同被拘押的代表们进行了多次谈话，谈话中极尽吓、哄、拉之能事。但被捕代表们不为所动。接着，省公署向被拘代表提出了二十一个问题，要代表们回答。他们别有用心地问周恩来《天津学生联合会报》是何人主笔？

周恩来说：

"联合会报没有主笔，有三四个审查员，是合议制，不过往警察厅来立案的时候，是我出名，所以你们要问联合会报的事，我可负完全责任。"

这个是指旧日刊说（该报曾于1919年9月被反动当局查禁，由于周恩来等人的斗争，于10月7日复刊），现今出现的周刊，是学生会改组后新学生会出版委员会周刊股出版的，他是周刊股股长，却不是审查员了。

那人又问：

"学生会的款项从何处来的？"

周恩来答：

"是各界赞助学生会的人亲往会中捐助的，也有学生演剧募捐的。"

那人又问：

"现在的款项归什么人保管？"

周恩来答：

"归经济委员会。"

那人又问：

"经济委员会委员长是谁？"

周恩来说：

"这个我不能说，说了你们又要麻烦他们去了。你们要问学生联合会经费状况，我同马骏就可答你。"

那人又问：

"捐款的是些什么人？捐大宗款的是谁？听说林长民也捐过你们的款吧？"

周恩来说：

"你们现在无权调查我们学生会经济内容，我也无须回答你；但是林长民并没有捐过我们学生会的款，你们提他是什么意思？"

对于警厅方面的询问，周恩来答得很有分寸，保护了警厅外边的同学，并且把对方的提问变成了向对方的反质问。警厅方面就没有再问下去。

4月3日，被拘的代表们向警厅发出"最后通告"，大概的意思是说依照民国约法新刑律，人民有身体自由，无故不得受逮捕拘禁的干涉。而他们被拘已七十多天，并未受到正式审判。对于这种非法对待，众人为尊重人权国法起见，限警厅于三日内公审。要是做不到，三日后全体绝食，以存他们的人格。

事情闹大了，杨以德来了，说：

"诸位总是不含糊，'我们得一致么！'诸位！你们坏就坏在个'一致'上头了。"

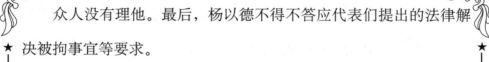

众人没有理他。最后，杨以德不得不答应代表们提出的法律解决被拘事宜等要求。

天津学生联合会采取措施，发起了自动入狱运动，向反动当局施压营救被捕代表。

4月5日下午，天津中等以上学校学生联合会男女代表谌志笃、赵光宸、邓文淑（邓颖超）等二十四人来到警察厅，要求替代拘押的二十四人入狱。内外的斗争结合，使警方不得不及早解决问题。

4月7日晚上，二十四名代表除三名已被保出外，其余二十一名被送往河北地方检察厅。

到检察厅后，周恩来等十九名男代表住在五间优待室，两名女代表郭隆真、张若名另住一室。他们可以看报，可以向外通讯，可以有外来亲友探望，住室晚上不锁门。

他们还自动规定了每日起居工作时间，使生活既规律又充实：

早8点钟，起床。

8点半，运动。

上午，预备受检厅开庭讯问。

下午2至5时，读书。

下午7至9时，研究社会问题。

下午9至11时，娱乐会。

12时前就寝。

5月12日起，狱中人员举行了讲演会。周恩来负责讲马克思学说。他讲了历史上经济组织的变迁同马克思传记、唯物史观的总论同阶级竞争史、经济论中的余工余值说、经济论中的《资本论》、资产集中说等专题，基本涵盖了马克思主义的主要方面。

由此可见，在俄国十月革命影响到中国后，周恩来是在中国较早而且是比较系统地宣传马克思主义的人之一。

除了坚持读书、学习外，他们还坚持在狱中举行纪念活动，表达强烈的爱国热忱。

4月28日，是去年在巴黎和会上列强正式表决，把德国根据不平等条约攫夺的在中国山东的权利和青岛，改归日本的日子，是国耻纪念日。这天，全体在狱人员停止一切工作和游戏，沉静默想一天。晚上周恩来又为大家系统地讲述了山东问题的始末。

5月4日，全体在狱人员开会，纪念五四运动一周年。周恩来为会议主席。

周恩来对这一天的记载是：

今天是"五四"纪念。回想去年今天学潮突起，引得这一年来的学潮起伏，有无穷的感触，当然是各人脑中所不能免的。将来的希望，尤隐隐约约在各人脑中颤动不已。

那么，周恩来在想什么呢？

当然，他仍然怀抱着救国救民的志愿，但应该是更深刻了。实业救国、教育救国，这些当时流行过的思潮，对周恩来没有发生过大的影响。日本的米骚运动、中国的五四运动，使周恩来看到了群众运动的力量。

而在群众运动中被捕入狱，也使他认识到单凭群众的热潮，单凭一些进步团体的松散组织，并不能根本解决问题，中国将向何处去？救国救民的道路到底在哪里呢？

这年夏天，觉悟社的女社友李愚如将要去欧洲勤工俭学。周恩来知道后在狱中写了一首诗，在诗中，他对李愚如的希望是：

到那里，

举起工具，

出你的劳动汗；

造你的成绩灿烂。

磨炼你的才干；

保你天真烂漫。

他日归来，

扯开自由旗；

唱起独立歌。

争女权,

求平等,

来到社会实验。

推翻旧伦理,

全凭你这心头一念。

三月后,

马赛海岸,

巴黎郊外,

我或者能把你看。

从后面四句诗中可以说明周恩来在狱中时,已决定出狱之后也去欧洲——马克思主义的故乡,去探索救国救民之道了。

1920年7月17日,检察厅开庭审判后,即时将周恩来等二十一人当庭释放。

天津各界代表举行仪式,欢迎被捕代表获释归来,到检察厅欢迎的,有省议会议员、商会职员、各界联合会职员、学生联合会职员、基督教徒祈祷会、女子十人团等共约百人。

仪式上人们将上面刻有"为国牺牲"四个字的纪念花、纪念

1920年1月，周恩来等在反帝爱国运动中被北洋军阀政府天津警察厅拘捕。在他们坚决斗争和各界爱国群众的声援下，反动当局被迫于7月将他们释放。这是周恩来等获释后的合影。

章，分送给被拘代表们佩戴在胸前。各界联合会还预备了九辆汽车，每辆车上树立两面白旗，上面写着"欢迎被拘代表"等字。

被拘代表坐上汽车，在前面百余人步行队伍带领下，向商会开去，沿途受到群众欢迎。到商会后，临时主席陈宝禾致辞欢迎，然后马千里演说，周恩来报告在狱中的情形，然后是各界代表致辞欢迎出狱代表。

散会后，天津老绅士冯骏甫送给每人一把扇子，扇上有冯自己作的一首诗：

囹圄羁縻半岁余，

群公何事掷居诸。

多因爱国遭兵警，

翻被抛家厄吏胥。

志士同心光历史，

谳员无法爱定书。

愿得民意回天意，

瀛海澄清捕鳄鱼。

周恩来在狱中这半年重新思考了许多问题，正如他自己形容的那样："思想是颤动于狱中。"

入狱前，他是一个关心国家命运、积极参加进步活动的爱国学生；出狱后，他就逐步走上了职业革命家的道路。他认为，他的革命意识的萌芽，是从入狱这时开始的。

周恩来出狱后，南开学校的创办人严修，也许是出于对他的爱护，推荐他和另外一名学生出洋留学。并特设奖学金资助他们，还给中国驻英公使写了介绍他们的信。

为什么要去欧洲求学？

周恩来是想去实地考察一下西方资本主义国家的社会真相，了解欧洲各种改造社会的学说主张，经过充分的比较和选择，再来最后确定自己应该走什么道路。

远渡重洋

1920年11月7日，周恩来在上海搭乘法国邮船前往欧洲。同行的有郭隆真、李福景、张若名等一百九十七人。

这是华法教育会组织的第十五批赴法学生。

邮船共分十层，周恩来等勤工俭学的学生住在最底层的统舱里。

走出国门，他们才感到中华民族处处受人歧视欺侮，国际地位很低，无不深感愤慨。

邮船航行了三十六天，于12月中旬到达法国南部著名港口马赛。

登岸后，留法华法教育会学生部干事已在迎候，帮助他们换乘火车，在次日早晨到巴黎。

到了巴黎，学生们就各自分开了。周恩来由南开同学接到旅馆暂住。

1920年11月7日，周恩来怀着对真理的渴望，赴法留学。

他到巴黎后给严修的信中说：

> 留法中国学生甚多，合勤工与俭学生约在两千人以上，与今日之留日学生数目差相近矣。南开同学在法者有二十余人，多散居各地，在巴黎不过数人。

周恩来一到巴黎就病了。过了年，到1921年1月5日，他才渡过英吉利海峡到英国首都伦敦。

他为何要去英国呢？

他把伦敦看作是世界的缩影，想亲身考察了解这里的实际情况。

在给天津《益世报》所写的第一篇旅欧通信《欧战后之欧洲危机》中，他写道：

> 我刚刚来到欧洲这片土地之上，这里给我的第一印象就是大战之后受到巨大影响的欧洲社会和战争后社会上很明显的动荡和不安生活水平的下降，所有的这些因素足可以让社会上的

绝大多数人民处于饥寒交迫之中。所有的精神文明都会在战争中消失，社会也会处在极度不安之中。

在欧洲的日子里，让周恩来亲眼看到了战争对欧洲国家的巨大影响，战争的破坏是无法想象的。

无论是在日本还是英国，周恩来一直都在其中找寻着适合中国的道路。

周恩来还对英国的工人运动进行过认真的考察。

周恩来在巴黎的住所门前

当他从英国离开去法国的时候，他还继续对这个运动的发展全过程仔细地分析、研究之后写了《英国矿工罢工风潮之始末》等篇通信。

战后的欧洲的思想界异常活跃，有着不同思潮。

周恩来对这种种不同的思潮一一深入研究、观察和剖析。

在最后，通过反复的探索后，周恩来选择了共产主义这条道路，这是他一生中最重大的抉择。

他说："我认定的主义一定是不变了，并且很坚决地要为它宣传奔走。"

他在写给国内觉悟社的社友信中还附加了一首诗《生别死离》，尽情地表达着他对共产主义的信心和他的决心。

他本想在伦敦入学，可这里生活费用太贵。

所以他准备到生活费用稍低的苏格兰首府爱丁堡大学就学。

爱丁堡大学虽同意他免去入学考试，只试英文，但考期在9月，开学在10月，这要等待半年多。况且，申请官费的事还没头绪。

周恩来2月上旬，又回到法国。他在伦敦只住了五个星期。

因法国的生活费用低于英国，他最终决定在法国就学。

他先到巴黎郊区的一家法语学校补习法文，不久，又转到法国中部的布卢瓦镇继续学习法文。

在布卢瓦镇，他除了学习，还进行社会调查，晚上常常通宵达旦地给天津《益世报》撰写通信文章，有时还翻译一些稿子——临来前，他与该报有约定，完全是为了挣稿费。

严修也按期给他寄钱。

有《益世报》的稿费和严修的资助，使周恩来可以不必像别的勤工俭学生那样去做工。

在周恩来的全部活动中，他仍将"研究主义"放在第一位。他一到欧洲，就对一切"主义"开始推求比较。

经过反复地学习和思索，他终于做出自己一生中最重要的抉择：确立了共产主义的信念。

做出这个决定，对他来说并不是轻易的。

他在日本时就接触到马克思主义，以后又经过五四运动风暴的洗礼和半年狱中沉思，再到欧洲实际考察。

1922年6月，旅欧青年中的共产主义组织诞生了。组织名称为："旅欧中国少年共产党"。选出中央执行委员会委员三人；赵世炎为书记，周恩来负责宣传，张伯简负责组织（因张在德国，先由李维汉代理，不久便由李正式接替）。

赵世炎1920年夏到法国，他出国前在上海见过陈独秀，就在那时成为共产党员。他与张申府夫妇和周恩来也有密切联系。

1922年11月，张申府、周恩来在德国介绍朱德、孙炳文加入中国共产党。

1923年1月，接到陈独秀的复信，建议将"旅欧少年共产党"改称为"中国共产主义青年团旅欧之部"。

旅欧之部的办公地点设在赵世炎原来的住处，房间面积只有五平方米，除了一张单人床和一张小木桌外，容不下多少别的东西。

聂荣臻说：

"每当我到恩来那里，总见他不是在找人谈话，就是在伏案奋笔疾书。吃饭常常是几片面包，一碟蔬菜，有时连蔬菜也没有，只

有面包就着开水吃。"

就是这个小房间，又成了《少年》刊物的编辑部，周恩来是刊物的主要负责人和撰稿人。

他们在《少年》上发表文章阐述共产党的性质和作用，解释马克思列宁主义的建党基本原则，宣传建党建团的意义。

周恩来还针对无政府主义等错误思潮，在《少年》上发表文章，对其进行批驳。

国内第一次国共合作后，《少年》在1924年2月改组为《赤光》。

《赤光》更着重于揭露帝国主义列强和封建军阀压迫中国的黑暗事实，阐述现阶段中国革命的任务和方针，推动国民革命运动的发展。

《赤光的宣言》里写道："我们所认定的唯一目标便是：反军阀政府的国民联合，反帝国主义的国际联合。"

在《赤光》上周恩来发表的一些文章中可以看到他已对中国社会各阶级的关系、中国革命的当前任务和远景等一系列现阶段中国革命的基本问题，有了比较明确而实际的认识。

周恩来提出了一个尖锐的问题："革命是无疑而且确定了，但我们须看清我们的敌人和我们国民革命的势力究竟何在，且谁又是我们真实的友人。"

也就是说，我们必须真正的认清，谁是我们的敌人，谁是我们的朋友。

周恩来认为中国的工人正在发展起来，终将成为国民革命中一派最可靠的主力，这是毫无疑问的。中国的农民都是很和善的，但是因为军阀的祸害，他们都渐渐地知道团结的对抗了，所以在不久的将来，农民是可以走上革命战线的。

中国的知识界，尤其是青年学生最能无所忌惮地反对列强，反对军阀，他们是最有朝气、最为有力的队伍。中国的工商业家们依然是很难单独去号召一种革命的，但是他们现在已经意识到不打倒军阀，不赶走列强，他们的工商业是很难独立振兴的。

周恩来在《再论中国共产主义者之加入国民党问题》一文中说：

不错，我们共产主义者是主张"阶级革命"的，是认定国民革命后还有无产阶级向有产阶级的'阶级革命'的事实存在，但我们现在做的国民革命却是三民主义革命，是无产阶级和有产阶级合作以推翻当权的封建阶级的"阶级革命"。

周恩来的长远的目光敏锐的观察力都是超人的，在那个时候就发出了"不走第一步，何能走到第二步？"对民主革命和共产主义革命相互关系的概括。

在旅欧期间，周恩来同留在国内的觉悟社社友一直保持着通信

1916年时的邓颖超

联系。

他和邓颖超的爱情关系就是通过书信建立起来的。

邓颖超原名邓文淑，祖籍河南光山县，1904年2月4日出生于广西南宁。

她幼年丧父，靠母亲杨振德行医和当家庭教师的收入来维持清贫的生活。

1913年至1920年，她在北京、天津受小学和师范教育。

她和周恩来相识在1919年的五四运动中。那时周恩来二十一岁，她十五岁，大家都叫她"小超"。

在那次运动中，他们相见，彼此都有印象，是淡淡的。后来组织了"觉悟社"，接触就比较多一些。但"觉悟社"有约定，在整个运动时期，不谈恋爱，更谈不到结婚了。他们那时都要做带头人。邓颖超听说周恩来主张独身主义，甚至还天真地想，他们这些朋友应该能帮他实现这一愿望。

在他们的通信中，互相增进了了解，也增进了感情，特别是他们都建立了共同的革命理想，要为共产主义奋斗时，两颗心贴得更近了。

虽然周恩来给邓颖超的信渐渐勤了，可邓颖超起初并没在意，直到他在信中明确提出，要把两人的友谊发展到相爱时，邓颖超才在意，并开始考虑。

经过考虑，他们就定约了。但定约后的通信，仍然以革命的活动、彼此的学习、革命的道理、今后的事业为主要内容，很少缠绵的情话，更找不出"我爱你、你爱我"的字眼。

1924年，在国共合作下，以广东为根据地的国内革命运动发展很快，急需大批干部。

1924年，中国社会主义青年团旅欧支部部分成员在巴黎合影。前排左四为周恩来，左六为李富春，左一为聂荣臻，后排右三为邓小平。

旅欧中国共产主义青年团根据这个情况，积极为选送干部回国做准备。把那些选送回国的干部先送莫斯科东方大学学习一段时间，这部分人占大多数，只有少数人直接回国。

周恩来没有去莫斯科，由于旅欧党、团组织要他回国后向中央汇报情况，他是从法国直接乘船回国的。动身时间是1924年7月下旬。

他回国时，带回旅欧中国共产主义青年团执行委员会给团中央的一份报告。里面写着对他的评语：

周恩来——浙江，年二十六，诚恳温和，活动能力富足，说话动听，作文敏捷，对主义有深刻的研究，故能完全无产阶级化。英文较好，法文、德文亦可以看书看报。本区成立的发启（起）人，他是其中的一个。曾任本区三届执行委员，热心耐苦，成绩卓著。

任职黄埔军校

周恩来从法国回国，船先到香港，1924年9月初，他从香港乘船到达广州。

中国社会主义青年团广州地委委员阮啸仙、彭湃两人到长堤码头迎接，把他迎到彭湃在贤思街的住处居住，又在国民党中央青年部主办的平民教育委员会找到一间房子临时办公。

周恩来到广州后，很快发现，广东的政治形势远不像人们传说的那么乐观。孙中山领导的大元帅府所能管辖的地区其实只占广东全省的三分之一，另外的地盘还在背叛孙中山的陈炯明及其旧部邓本殷手里。

孙中山是依靠杨希闵部滇军和刘震寰部桂军把陈炯明逐出广州的，可这两支军队虽挂着孙中山的招牌，却是不折不扣的军阀。

周恩来到广州不久，孙中山用武力镇压了广州的商团叛乱。在镇压商团叛乱中，共产党也出了不少力。

那么，广东党组织状况怎样呢？

在广东，共产党的负责人是谭平山，正担任国民党中央组织部部长，对其他方面的工作几乎没有顾及。

在广州的共产党员只有二十人左右，大多随谭平山在国民党中央组织部工作。

广东取消区委后，只保留广州一个地委，力量薄弱而涣散。

10月，中共中央决定重新建立广东区委，由周恩来担任委员长，兼任宣传部长。其工作范围除广东，还负责领导广西、厦门和香港等地党的工作。所以，通常称为"两广区委"。

周恩来就任时间共三个月左右，共做了两件重要工作：

一是支持孙中山北上进京；

二是征得孙中山同意后，组建大元帅府铁甲车队。这是第一支由中国共产党人直接掌握的武装力量，是以后叶挺独立团的前身。

11月，周恩来又兼任黄埔军官学校的政治部主任。

这时，刚从苏联归国、被派到广东担任团中央驻粤特派员的陈延年（陈独秀儿子），调任广东区委秘书、组织部长兼宣传委员会负责人，协助周恩来处理区委的日常工作。

黄埔军校是1924年6月16日开学的，当时孙中山到校发表了演说，他亲自担任军校的总理，蒋介石为校长，廖仲恺为党代表。

军校政治部的机构最初很简单，或者说开始也不太重视政治工作。

第一任政治部主任是戴季陶，副主任是回国的张申府，可二人先后离去，后由邵元冲接任主任。

邵元冲是个官僚，根本不懂政治工作的内容和方法，上任两个来月，把政治部搞得死气沉沉，令学校师生十分不满，后离校随孙中山北上。

原来兼任该校政治教官的周恩来，这时正式接任了政治部主任的职务。

他一到任，立刻显露出非凡的才能，井井有条而又富于创造性地开始了工作：

建立起政治部的正常工作秩序和工作制度；加强对军校学生的政治教育；指导新成立的校军教导团的政治工作；指导建立中国青年军人联合会。

经过这样一番整顿，军校政治部工作纳入正轨，出现了新的气象。

在这段时间，军校的共产党员发展到四十三人。军校的党支部由周恩来代表广东区委直接领导。

1925年1月，广东革命政府讨伐陈炯明第一次东征开始了。这时，孙中山在北上后病倒，由胡汉民代理大元帅职务。

在这次东征中，黄埔军校已成立教导团第一团和第二团，团长分别是何应钦和王柏龄，连以下军官由刚毕业的第一期学生充当，士兵是新招募来的。第二期学生已入学，编为学生总队，随军行动。这两部合称"校军"，共约三千人。

东征主力是杨希闵部滇军、刘震寰部桂军和许崇智部粤军。蒋介石兼任粤军参谋长。

校军同粤军第二师第七旅编在一起，共同组成右翼军。

周恩来随军东征，他的助手陈延年接任广东区委书记。

东征战斗打响，滇军和桂军却按兵不动。

只有右翼军长驱直入，攻向潮汕。

2月28日，锐不可当的右翼军攻克陈炯明的家乡海丰。

3月6日，攻克陈炯明在东江的主要据点——潮州、汕头。

在陈炯明的所属各部中，最强悍善战的是盘踞在粤东北的林虎的部队。

林虎不是陈炯明的嫡系，开始袖手旁观，见潮汕被攻克，他迅速集中主力南下，直抄右翼军的后路，企图把它一举包围全歼。

右翼军得讯后留下粤军第二师守潮汕，学生总队守揭阳，其余各部立刻回师迎击。

3月13日，回师先头部队教导第一团在棉湖同林虎部主力突然遭遇。双方展开激战，因敌人占领有利阵地，教导第一团打得异常艰苦。

到中午，教导第二团和粤军第七旅相继赶到，加入进攻，终于把林虎部主力击溃。

在这次战斗中，教导第一团的九个连长阵亡六人，负伤三人，他们都是黄埔第一期毕业生。从此，黄埔校军英勇善战的威名震惊远近。

黄埔校军英勇善战，并立下战功，这与周恩来的出色的政治工作是分不开的。而他的非凡才能，也在黄埔师生中受到广泛尊敬和推重。

怎样建立起革命军队在行军作战中的一整套政治工作制度？它同军校在教育训练中的政治工作完全相同。这对革命军队的建设又是一个新的重要的课题。周恩来在这方面的工作同样有着很大的成就。

第一，在军队中有很好的政治教育。

政治教育的基本内容是国民和士兵提高革命的自觉性，时刻牢记自己是"革命军"，是为推翻帝国主义列强和军阀的压迫，解除人民痛苦而作战的。

有了"革命军"这三个字深深地印在脑海中，就使这支军队的精神面貌、战斗意志和纪律都同以往的旧军队截然不同。

1924年11月，周恩来出任由国共两党合作创办的黄埔军校的政治部主任。

2月6日，周恩来在东莞商务分会及市民联欢大会上的演说词中对这一点作过明确的阐述。

本着这种精神，周恩来在东征誓师大会上作了政治动员，出发之日，政治部即发出了《敬告士兵同志们》的传单。

在各团营连，除了军事指导员外都设有国民党的党代表，不少是由共产党人担任的，负责行军和作战时的政治工作。

军队一面行进，一面高唱《国民革命歌》《杀贼歌》等，士气十分旺盛。

第二，要求军队保持严明的纪律。

校军一律颈系红巾、军服整齐。军校政治部提出：不蛮横无理拉夫役，要付价购物，不用军用票；保障人民。

《爱民歌》中唱道：

扎营不要懒，莫走人家取门板，莫拆民房搬砖石，莫踏禾苗坏田户，莫打民间鸭和鸡。

需要由民间担任挑夫、向导时，归政治部统一办理，每十里给资四毫。购物都用现金支付，决不赊欠短少。宿营不住民房，只住庙宇祠堂。住地以及所需的稻米、草、菜等，由政治部安排。部队离开时，须把驻地打扫干净，稻草捆好，借物归还。

政治部还发布《告百粤父老兄弟姊妹》书，宣布：

有违反我们所宣告的行为者，请不必客气，具实向我们的官长报告，定必依法惩办。

广东人民历来受尽了横行不法的军队（包括打着国民党旗号的滇、桂等军）的欺压和蹂躏，对军队早已谈虎色变。校军的所作所为，使人耳目一新。

当时的《商报》在3月27日有一篇报道说：

军行所至不扰民间一草一木，老妪妇孺，喜而挤观。鸡犬不惊，商市安堵。入夜无公家空房，则扎篷营露宿。东江人民父老，谓民国以来仅此次所见，乃真正的革命军，真正卫国保民之革命军。

第三，向民众展开政治宣传。

方式主要是：组织战时宣传队，举行各种平民联欢大会。

东征出发前，周恩来先从第二期学生中挑选出能讲广州话、客家话、潮州话的约二十人，组成武装的宣传队。

在军队到达前，先往沿途村镇到处演讲，张贴红绿标语，散发传单，教村里的小孩们唱"打倒列强，除军阀"的《国民革命歌》，向村民宣传东征的目的和意义。

政治部还准备了告敌军士兵的传单，由飞机在敌军阵地上空散发。这样的战地宣传工作，是过去的中国军队中所没有的。

当军队攻占东莞、海丰等县后，政治部又在当地召开有上千人参加的各界联欢大会。周恩来在会上发表演说。他在东莞的演讲中说：

"此次校军出发，是为人民解除痛苦而来，但全恃本校军队，力量太小；若无人民援助，仍不足负重大责任。故本校极希望东莞人民通力合作，以促革命成功。"

各地民众在协助军队的运输，充当向导并刺探敌情等方面都做了不少工作，有力地配合了东征军事的发展。

第四，加强民众的组织工作。

校军所到之处，都帮助当地民众组织工会、农民协会、学生会、教职员联合会等。周恩来在东莞的演讲中说：

"本校希望东莞同胞者约有三事：（一）为革命军向人民宣传解释，使之了解人民与革命军的关系；（二）实行民治、县长民选；（三）各界团体宜有强固之组织。"

他特别重视民众组织的问题，说：

"人民如有强固之组织，则军队不敢横行，请各界注意

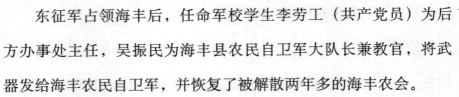

此点。"

东征军占领海丰后，任命军校学生李劳工（共产党员）为后方办事处主任，吴振民为海丰县农民自卫军大队长兼教官，将武器发给海丰农民自卫军，并恢复了被解散两年多的海丰农会。

2月底，国民党中央执行委员会任周恩来为东江各地党务组织主任，并授权他委派校军各团、营、连等党代表为组织员，在东江各地发展国民党的组织。

第五，打击各地的土豪劣绅。

周恩来在揭阳的各界欢迎会上宣布，要打倒列强，打倒军阀，打倒土豪劣绅，打倒一切贪官污吏。政府为你们做后盾，有话尽管说，并且点名批评当地英商代办林逸才的罪行。

在五华，他和县长温屏南一起，经过调查核实后，传讯有不法行为的当地大地主张谷山、陈卓人等。责令张谷山印发忏悔录，向全县人民悔过。勒令陈卓人将霸占的公地退交五华中学作体育场。四月，周恩来又兼任黄埔军校的军法处处长。

这次东征中校军的军队政治工作所取得的成就，是有目共睹的。像这样有着良好的政治教育和宣传工作的军队，在中国历史上还不曾有过，是中国共产党在领导军队政治工作方面所做的最早尝试，并且取得巨大的成功。这个传统，对以后中国人民军队的建设有着深远的影响。

毛泽东说过：

    那时中国共产党和国民党合作组织的新制度的军队，在开始时候不过两个团，便已团结了许多军队在它的周围，取得第一次战胜陈炯明的胜利。往后扩大成为一个军，影响了更多的军队，于是才有北伐之役。那时军队有一种新气象，官兵之间和军民之间大体上是团结的奋勇向前的革命精神充满了军队。那时候军队设立了党代表和政治部，这种制度是中国历史上没有的，靠了这种制度使军队一新其面目。

两次遇险

从第一次东征结束到第二次东征开始，中间不到半年。这半年里，发生了三件大事：

第一件是回师讨伐杨希闵、刘震寰所部滇、桂军；

第二件是沙基惨案；

第三件是廖仲恺遇刺。

在第一次东征时，杨希闵和刘震寰就有阴谋叛乱的迹象，孙中山在北京逝世后，他们蠢蠢欲动。

5月13日，廖仲恺从广州赶到汕头，同东征军共商讨伐杨、刘的计划。

6月12日，由东江回师的党军迅速向广州市区的杨、刘军队发动猛攻。革命政府统辖的其他军队也先后从北江、西江、河南三面

发动进攻。

经过一昼夜的战斗，杨、刘两部被革命军击溃。

6月23日，广州群众和香港罢工工人七八万人，在广州举行反英示威大会和游行，抗议刚发生不久的上海"五卅惨案"。

周恩来亲率军队中两个营、学校里一个营，约两千人去参加示

1926年周恩来与邓颖超在汕头合影

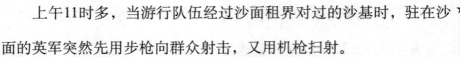

威大会和游行。

上午11时多，当游行队伍经过沙面租界对过的沙基时，驻在沙面的英军突然先用步枪向群众射击，又用机枪扫射。

游行队伍灌满街道，路狭人稠，无法躲散，成批的中弹倒地。

周恩来身旁同他并排前进的人都中弹身亡，他的帽子也被子弹打穿，幸亏他及时扑倒在地，才躲开密集射过来的子弹。

这就是"沙基惨案"。

8月，周恩来与邓颖超在广州结婚。

邓颖超在广东区委担任区委委员兼妇女部长，负责妇女运动。

周恩来结婚不久，又第二次遇险。

8月20日，国民党左派领袖廖仲恺，被国民党右派指使凶手刺伤。

事情发生后，周恩来驱车到司令部去和蒋介石等人商讨搜捕凶手的事。可因为当晚戒严提前，口令也改了。司令部门前警卫突然喝问口令，随即开枪射击。

司机头部中弹，当场牺牲。周恩来听到枪声急忙卧倒在车座旁，司机的鲜血溅到他身上，幸好他未受伤。

周恩来又到医院陪护廖仲恺，直到廖仲恺抢救无效去世，他才回家；看见他浑身血迹，邓颖超惊得半天说不出话。

两次大让步

　　廖仲恺被刺时，在广州已成立了国民政府。以国民党左派面目出现的汪精卫被推举为国民政府主席。常务委员还有胡汉民、许崇智、林森、谭延闿。

　　蒋介石在廖案发生后，乘机逼走了胡汉民和许崇智。

　　许崇智是蒋介石的老上级，当时担任国民政府军事部长、广东省政府军事厅长、粤军总司令。

　　蒋介石将粤军的一部分包围缴械，一部分强行收编。

　　8月24日，蒋介石被任命为广州卫戍司令。就这样，广东革命政府的军事领导权逐渐转移到蒋的手中。

　　8月25日，黄埔校军改编为国民革命军第一军，在组织上同黄埔军校分开了。

9月中旬，周恩来被任命为第一军少将政治部主任兼第一师党代表（第一师师长何应钦）。

周恩来离开黄埔军校后，军校政治部主任由邵力子接任，副主任是从法国回国的共产党员鲁易。

此后，从苏联回国的共产党员熊雄、聂荣臻，还有恽代英先后到黄埔军校工作。

周恩来叮嘱他们：在工作中要利用一切机会，积极开展党团活动，蒋介石要限制我们，我们要教育党团员，开展各种活动，争取进步青年，以反对他的限制。

周恩来在黄埔军校这一年，正是国共两党结成统一战线后合作得比较好的时候，这种合作是富有成果的，无论对国民党还是共产党都是有益的，从而给正在兴起的国民革命运动注入了巨大的活力。

这种合作带来了广东革命根据地的巩固和发展，它促进了工农运动在全国特别是在南方各省的蓬勃高涨，它带来了新的革命武装的核心和中坚。

周恩来在这个时期做出的贡献是得到人们公认的。统一战线问题、武装斗争问题、党的建设问题，是中国共产党在中国革命中的三个基本问题。

周恩来在广东革命根据地工作期间，在这三个基本问题上都作了创造性的探索和尝试，取得了可贵的经验。

这些经验无论对周恩来自己还是对中国共产党的以后发展，都有着不可忽视的影响。

1925年9月21日，国民政府决定发动第二次东征，消灭重新占领东江地区的陈炯明余部，同时组成南征军，去讨伐陈炯明旧部邓本殷。

东征军由蒋介石担任总指挥，共三万多兵力；南征军是李济深的第四军为主力。

第二次东征从10月6日开始，具有决定意义的是惠州之战。

惠州驻守着叛军杨坤如部队一个师，凭险固守。东征军13日发起总攻，到14日傍晚才攻克。战斗打了三十个小时，异常激烈，第一军团长刘尧宸阵亡。

东征军乘胜追击。

10月下旬，由粤军改编的谭曙卿师在华阳被林虎部包围，蒋介石赶去督战，当敌人逼近时，他吓得已迈不动步了，是陈赓连拉带背把他救出来的。

后来，东征军第一、第二纵队在安流墟合力包围林虎部主力和洪兆麟残部，激战一天，毙伤俘敌一万多人。

11月8日，东征军总指挥部入福建追击陈炯明残部。14日，在福建永定全歼逃敌刘志陆部。

第二次东征至此胜利结束。

接着，在李济深指挥下，南征军于12月下旬肃清雷州半岛，第二年2月收复海南岛，全歼邓本殷部。

这样，统一广东的战争就胜利完成了。

第二次东征中，周恩来主持下的总政治部做了大量工作。

因他工做出色，精明能干，1925年11月，东征军进入汕头后，国民政府任命他兼任东江各属行政委员，负责惠、潮、梅、海陆丰二十五个县的地方行政工作。

而且，1926年2月1日，周恩来又被任命为第一军副党代表（党代表由汪精卫兼任，军长是蒋介石）。

可见，不论是国民政府，还是蒋介石，对周恩来都十分器重。

正当周恩来兢兢业业埋头工作时，蒋介石却开始实施他的反共阴谋。

在第二次东征途中，蒋介石在一次连以上军政人员联席会上，公开表示他的黄埔军校不能分裂。要求周恩来把所有在黄埔军校以及在军队中的共产党员的名字都告诉他，把所有国民党员加入共产党的名字也都要告诉他。

当时周恩来以此事关系两党，须请示中共中央才能决定，搪塞了过去。

事后，蒋介石同周恩来个别谈话，进一步提出，为了保证黄

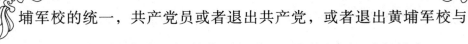

埔军校的统一，共产党员或者退出共产党，或者退出黄埔军校与国民党。他还用高官厚禄拉拢周恩来，可周恩来仍不为所动。

蒋介石所暴露出来的反共面目，引起了周恩来的警觉。他在1926年1月国民党第二次全国代表大会前夕，从汕头回到广州，同陈延年和苏联顾问鲍罗廷商量。

他们商定：应该采取打击右派，孤立中间派，扩大左派的政策。

计划把共产党员全部从蒋介石部下撤出，并计划在大会选举中，少选中派，多选左派，使左派占绝对优势，以此回击蒋介石。

周恩来带着这个意见返回汕头，准备接到中共中央回电后立即向蒋介石正式提出。

可是，等了好久，中共中央来电却不同意。这是陈独秀右倾机会主义对蒋介石的一次大让步。

3月17日，周恩来被蒋介石的电报召回广州。他发现蒋介石与右派来往密切，见他时神色也不对，就预感到要有什么情况发生。

他找机会把蒋介石的异常情况告诉了给苏联顾问兼当翻译的广东区委宣传部长张太雷。

张太雷和苏联顾问季山嘉说了，却未引起重视。

3月20日，蒋介石散布一个谣言，说中山舰要炮轰黄埔军校（是他调派到黄埔的中山舰），以此作为借口，突然翻脸，逮捕了代理海军局长的共产党员李之龙，并下令黄埔戒严，监视各师党代表，包围苏联领事馆，监视苏联顾问，解除了省港罢工工人纠察队的武装。

周恩来闻讯，立即赶来见蒋介石，劈头就问：

"请告诉我，黄埔的事是不是你下的命令？"

蒋介石好像料定周恩来会来找他，不慌不忙地说：

"你们共产党分明是想把我从黄埔军校赶走嘛！我说过，黄埔是我的，我不会让它被分裂的。"

周恩来平静下来，说：

"这只是你的借口。我希望你在事情还可以挽救的时候，下令释放被捕的人。"

蒋介石说：

"人嘛，我们是会放的。我从来也没有说过要反对共产党。我们在一起共事，不一直很愉快嘛！"

顿了顿，又说：

"你在这里休息一下吧，我还有事。然后，我们可以商量出一个解决问题的办法。"

说完，从侧门走了。

周恩来只好坐下来等蒋介石，可怎么等也不见他回来，恍然明白，他已被软禁在这里了。

一直到晚上，蒋介石才让人来告诉周恩来：想让他放人，必须答应他两个条件：

第一，共产党员全部退出第一军；

第二，不退出的要交名单。

周恩来、陈延年、聂荣臻、黄锦辉等人连夜商讨对策。

周恩来态度坚决地表示：

"我的意见是，我们不能再退让妥协，要进行反击。"

聂荣臻也说：

"我赞成反击。蒋介石反共嘴脸已暴露无遗。再退让，只会给我们造成更大的损失。"

周恩来说：

"现在六个军中，只有第一军是直属蒋的，另外五个军都不会听他的，有的还想搞掉蒋。而在第一军的三个师中，有两个师的党代表是我们的人。九个团的党代表，我们占了七个，团长有两个是共产党员。营以下各级军官和部队中的共产党员也不少。至于同情左派的革命力量就更大了。我们完全有能力把蒋搞下台。"

陈延年说：

"我同意恩来同志的分析。可我们不能忽略一个问题：就算把蒋搞掉了，其他军长同样是军阀，只要革命侵犯到他们的利益，他们同样会反共反人民的。"

最后，他们决定还是请示党中央，究竟如何处理，由党中央决定。

过了几天，陈独秀为首的中共中央却决定接受蒋介石的条件。

于是，已暴露身份的二百五十多名共产党员被迫退出国民革命军第一军和黄埔军校——退出共产党的只有三十九人。

周恩来也被免去第一军副党代表兼政治部主任的职务。

陈延年因为这件事，气得大骂他父亲陈独秀是"混蛋"、"老糊涂"！

这是陈独秀右倾机会主义对蒋介石的又一次大让步。

周恩来离开国民革命军第一军后，集中精力主持中共广东区委军委的工作。

这年年底，周恩来离开了广州，奉命到上海中共中央工作。

先胜后败

1926年12月，周恩来来到上海，担任中共中央组织部的秘书，并兼任中央军委委员。

这时，中央局委员只有五人：蔡和森在苏联，瞿秋白和张国焘在广东，上海只剩下陈独秀和彭述之。

彭述之主管宣传，组织部主任由陈独秀兼任。后来，陈独秀因病住院，组织部的工作就没人管了。

这样，周恩来名义上是组织部的秘书，实际是要他负责整个党的组织工作。

周恩来到上海，把邓颖超留在了广州，因邓颖超已有了几个月的身孕，可由于秘密工作的关系，这以后他们之间连音讯都不通，让邓颖超在家里只能日夜对他担惊受怕地惦记。

周恩来在组织部工作的时间很短，过了两个来月，就开始准备上海工人第三次武装起义了。

上海工人前两次武装起义都失败了。第三次起义在第二次起义刚失败后就发动，因为这时客观形势有了两个重要变化：

第一，北伐军连连获胜，已控制了江西、浙江两省和安徽大部分地区，前锋部队正从南面和西面向江苏南部逼近。

第二，原来盘踞苏、浙、皖、赣、闽五省的军阀孙传芳已大败，只得投靠统治着东北和华北的奉系军阀张作霖。1927年2月底，张作霖派遣鲁军毕庶澄部南下，与驻守上海的孙传芳部队换防。因鲁军新到上海，对环境不熟，防守上也有漏洞。

周恩来担任这次武装起义的总指挥，助手有赵世炎、罗亦农、顾顺章等人。

3月初，北伐军分两路进逼上海，一路由西向东，经宜兴取常州；另一路从南向北，由嘉兴攻松江。

起义的时机越来越迫近了。

周恩来对军事准备工作要求一细再细，他亲自参与制订了各处起义作战计划。

3月19日，上海区委主席团召开紧急会议。会上根据已了解的情况，周恩来果断地提出必须采取行动。最后把起义时间确定在3月21日。

行动的时刻来到了：3月21日中午12时，全市约八十万工人宣布总罢工，四郊几处大工厂的汽笛同时长鸣，这是工人纠察队行动的信号。

下午1时起，起义队伍系着白底黑字"工人纠察队"的臂章，领取武器，到预定地点集合。租界内的工人也涌向华界。

参加行动的工人纠察队队员有五千多人。

起义行动，分南市、闸北、虹口、浦东、沪西、沪东、吴淞七个区。

在前线负责指挥的周恩来和赵世炎，早晨就已经进入设在宝山路横浜桥南商务印书馆职工医院内的前线总指挥部。

起义打响后，发展迅速。

南市最早打下来，工人纠察队先攻下警察局，再占领高昌庙和南火车站。

浦东、吴淞、闸北以外也相继取得胜利。

下午4时左右，吴淞部委送来一个重要情报：敌军毕庶澄部五百人左右，早晨乘一列铁栅车开往吴淞，准备从海上逃跑，发现吴淞被占领，已掉头返回上海，要上海方面注意。

周恩来听完，立即召集会议研究。会上，他当机立断地说：

"我们不能让他们进入上海，那样会冲破我们的虬江路防线，也会增加我们攻击北站的困难。"

他指着地图，又说：

"我们应该在这里——就是接近市区的天通庵车站附近组织伏击！"

大家同意周恩来的意见。

一散会，周恩来亲率工人纠察队第一中队和第四中队一小队赶到天通庵勘察地形，布置兵力。

他们还找到住在那里的老扳道工鲁大爷和他儿子把路轨的道钉拔掉。

黄昏前后，从吴淞退返上海的列车进入伏击圈，因道钉被拔而突然出轨翻倒。埋伏在铁路两侧的工人纠察队，立刻以密集火力猛烈射击。

经过一夜战斗，到次日中午，除少数人逃走，剩下的四百多人全部投降被俘。

周恩来命令用缴获的武器弹药来武装徒手的纠察队员，并把其中的轻机枪调拨给正在围攻北站的纠察队。

到22日下午，毕庶澄见大势已去，悄悄换上便服，逃进租界。

下午6时，工人纠察队终于攻克敌人最后一个据点——北火车站。

经过连续三十个小时的战斗，上海工人第三次武装起义终于取得辉煌胜利。

24日，发生了震惊中外的南京惨案：因程潜指挥的江右军占领南京，当晚英美帝国主义借口侨民和领事馆受到"暴民侵害"，突然下令停泊在下关江面的军舰向南京市区开炮轰击，造成中国军民死伤惨重，财产损失难计其数。

26日，蒋介石乘军舰从江西赶到上海。他已经杀害了江西省总工会副委员长、赣州总工会委员长陈赞贤，又制造了九江惨案。杀害共产党人和革命群众的屠刀还带着鲜血，又要向上海的共产党人和革命群众砍下来。

蒋介石一到上海，先是要求上海总工会解除工人纠察队的武装，后又要求把纠察队改归他指挥调动。

在遭到上海总工会的拒绝后，蒋介石见硬的不得，就来软的，摆出友好姿态，亲自带着军乐队，给上海总工会和工人纠察队送来锦旗，以此麻痹工人。

周恩来虽然疲劳已极，但却敏锐地察觉到形势的险恶。

30日，他在特委会议上说：

"看整个情形，他们已经做好了对付我们的准备。他们一定会用武力，而对付民众会像江西那样雇佣流氓。"

但他的话未引起共产国际代表和陈独秀为首的党中央的重视。

陈独秀等人在南京惨案后，正强调发动反英运动，对蒋介石持缓和态度。

他们想缓和，可蒋介石不想。他的友好姿态没麻痹工人，却麻痹了共产党的上层首脑，他要下毒手了。

4月10日，江苏的共产党领导人侯绍裘等十多人惨遭杀害。

4月11日深夜到12日凌晨，突然有一些上海青红帮流氓多次冲进工人纠察队把守的地方，一边放枪，一边大喊大叫，这时蒋介石的部队开到，先镇压流氓，又趁工人纠察队不备，把工人纠察队缴械。几处情况，大同小异。

周恩来这天晚上被二十六军第二师师长斯烈邀请到师部。他来是想做斯烈的工作，因为斯烈的兄弟斯励是黄埔军校出来的，是他学生。

周恩来和他的副指挥见到斯烈，对方很客气。坐下谈话时，周恩来很快发现斯烈心不在焉地东拉西扯，立即警觉，可能是被骗了。

他立即起身提出告辞，但斯烈却说：

"很抱歉，你离开这间屋子，我无法保证你们的安全！"

副指挥立即大怒，把茶杯摔在地上，对斯烈愤慨地说：

"你要扣留我们？你们到底要干什么？"

周恩来强压怒火，对斯烈斥责说：

"我对你很失望，你的行为说明你不配做总理的信徒！你们公然叛变革命的三民主义和三大政策！你们反对共产党，反对人民，你们这样是得不到好下场的！"

斯烈厚着脸皮说：

"我也是奉命的。"

说完匆匆离去。

周恩来两个人被扣留一夜，次日清晨罗亦农派人才把他们营救出来。

这时，各处工人纠察队已被缴械，局面已无法挽回。

随后，疯狂的搜捕和屠杀开始了。

14日，周恩来秘密转移到吴淞附近徐家宅一处工人住家的小阁楼上继续工作。

4月16日，中共特委召开会议，总结经验，研究对策。会上，周恩来提出：政治上，要承认上海工人武装起义后有"左"倾错误，如果继续下去非常危险。

中央的右倾倾向，特别是汪陈联合宣言制造的"和缓"空气危害很大，如果，武汉方面仍继续下去，各方面将损失很大。军事上，应该先解决蒋介石，然后北伐。

要求武汉中央赶快决定打东南的方案，马上派得力人员来东南准备军事行动。

会议决定，由周恩来起草电文向中央汇报。电文说：

……九江、安庆捣毁党部、工会，屠杀民众，纯由蒋氏直接指挥。近日宁波、杭州、南京及上海之大屠杀与捕杀共产党，死伤者近四百人；……蒋氏之叛迹如此，苟再犹豫，图谋和缓或预备长期争斗，则蒋之东南政权将益固，与帝国主义关系将益深。

在说明了武汉中央宜早日讨蒋后，电文中接着就分析东南地区的兵力情况，指出调度得当的话，完全可以消灭蒋介石。

周恩来判断的结论是：

为全局计，政治不宜再缓和妥协。上海于暴动后，已曾铸此大错。再不前进，则彼进我退，我方亦将为所动摇，政权领导尽将归之右派，是不仅使"左"派灰心，整个革命必根本失败无疑。

4月18日，中共特委开会，周恩来在会上就这次上海工人起义胜利后又惨遭屠杀，总结了五条教训：

一、中央政策动摇，指导无方，对于前次广东与上海都如此，中央对于争领导权没有决心。

二、暴动后中央与区委组特委，特委的政策有错误，起头是模糊，后来是妥协。我们对蒋曾有妥协态度。工人避免与蒋冲突，完全是让步，以至于失败。

三、政权运动的宣传没有做得好，没有好好实行从下层选举的方法，使群众对于政权争斗莫名其妙，又没有抓住小资产阶级。同时我们对于资产阶级的妥协直到缴械以前并未停止希望。

四、对于反帝行动的消极，是很大的错误。

五、技术工作太坏——如政治宣传不好，此为沪区宣传部的责任。工会运动无组织，此为工委的责任。军事上无整个的东南军事计划，沪区曾提出计划，此为武汉区方面应负的责任。

周恩来指出，以上五点错误，沪区可以承认，并可由中央惩办与指正。唯中央的错误，应有根本解决的办法。

周恩来的分析无疑是正确的，但武汉的情形又如何呢？

汪精卫来到后，打着反蒋旗号，迅速取得了对武汉国民党中央和国民政府的领导权。他同掌握军权的唐生智结合在一起，力图控制以武汉为中心的局势。

武汉国民党的许多上层人物，一面高喊反蒋，一面却企图联蒋讨奉。

蒋介石则一面策动破坏武汉的种种阴谋，一面声称只反共不反武汉政府，要求宁汉双方共同北伐。因而东征讨蒋的呼声虽然很高，即始终没有实行。

在中共中央，也有激烈争论。中共中央召开了中央委员会议，有共产国际代表罗易和苏联政府代表鲍罗廷参加。

这时，陕西的冯玉祥所部国民军正开出潼关向河南进军。

冯玉祥曾倾向革命。鲍罗廷和一些中国共产党人主张立即北伐，同冯玉祥会合，这样就可背靠西北，打通同苏联的国际交通线，然后再回过头来东征讨蒋；否则如果立即东征，会同帝国主义势力发生直接冲突，造成危险的局面。陈独秀同意这种观点。共产国际和斯大林也赞成北伐讨奉。

在中共中央内部，讨论中有不同观点，瞿秋白是主张东征攻打南京，然后再沿津浦路北伐的。

谭平山、张国焘主张南伐广东，取得海港，这样来打通与共产国际的联系，解决财政和军事上的困境。蔡和森既反对立即北伐，也反对立即东征，主张深入土地革命与南下广东并举。

后来，鉴于鲍罗廷的主张是共产国际和斯大林赞成的，陈独秀、彭述之、张太雷也都赞成，所以决定主张立即北伐。

4月18日，国共两党举行联席会议，决议继续出师北伐。19日，武汉国民政府在武昌举行第二次北伐誓师大会。这就是所谓

"二次北伐"。

武汉方面进行"二次北伐"，蒋介石就解除了后顾之忧。他巩固宁沪，占据徐州，使得南京政权巩固了，另一方面他又打击和破坏武汉政权，促使汪精卫、冯玉祥动摇，由动摇走向反动，最后是蒋汪冯合流，武汉汪精卫也反共了，国民革命以失败告终。

"四·一二事变"后三天，广州发生了"四·一五清党事件"，开始大规模逮捕并屠杀共产党员。

周恩来在广州时居住的广东区委军委机关被搜查，住在那里的三个同志被捕。

邓颖超因难产后身体没有恢复，住在医院里。她怀的男孩没有活下来。

陈铁军化装去找她，要她赶快离开，到上海后，用化名登报找周恩来。

在医院里一位医生和一位护士的帮助下，邓颖超和母亲安全转移。然后由护士送她们上了去上海的轮船。

5月1日，邓颖超到上海，让母亲杨振德署名登报找寻伍豪。

"伍豪"是周恩来的化名，当时国民党还不知道。

周恩来看报后，立即派人把他们接走。邓颖超先在一个医院里躲了两个星期。等周恩来找了所房子，接她同住了几天。然后，周恩来就动身去武汉了。

打响第一枪

在蒋介石发动"四·一二"反革命政变后，5月，汪精卫又指使反动军官许克祥，在长沙发动"马日事变"，屠杀共产党员和革命群众。

中共湖南省委委员郭亮、柳直荀立即领导十万农民武装，准备围攻长沙。可是陈独秀却下令要他们撤退。反动军队乘机反扑，在二十天里屠杀了革命群众一万多人。

陈独秀的让步，助长了汪精卫的反革命气焰。7月15日，他公开和蒋介石合流，背叛革命，狂叫"宁可错杀一千，不可使一人漏网"，疯狂地屠杀共产党员和革命群众。到这时，轰轰烈烈的大革命失败了。

周恩来是5月下旬到的武汉，他提出"东征讨蒋"，可陈独秀反对；他又提出发动湖南农民暴动，可这计划最后遭到国际代表反对也没实现。

直到汪精卫的反共嘴脸彻底暴露，陈独秀才心灰意冷，又无计可施。

7月中旬，共产国际派来罗米那兹接替原来的代表，中共中央根据共产国际指示进行改组，成立临时中央常务委员会，陈独秀离开领导岗位。临时常委会由张国焘、周恩来、李维汉、张太雷、李立三组成。

经过这次改组，主张武装反抗国民党屠杀政策的力量在中央取得了领导地位，虽晚了一点，还好不算太晚。

为了准备应付突然事变的到来，需要紧急地撤退大批共产党员，把大革命时期处在公开状态的共产党组织迅速转入地下。

这项繁重而艰巨的组织工作又压在周恩来身上。

因五人临时中央内，李立三、张太雷已去江西九江，李维汉刚从湖南来到武汉，张国焘是一个爱空谈、少干实事的人。

在临时中央组成不久，就决定在南昌起义。这只是初步决定。会后，周恩来向军委工作的聂荣臻等人传达，并让聂荣臻去九江通知有关同志，做好起义准备。

7月20日，谭平山、李立三、恽代英、邓中夏、叶挺同聂荣臻一起在九江举行谈话会。会上提出：

在军事上赶快集中南昌，调动二十军与我们一致（因二十军军长贺龙还不是共产党员）。

九江谈话会提出的意见，中共中央常委和国际代表表示同意。

7月24日，国际代表罗米那兹、加伦和张国焘、周恩来在武汉举行会议，把南昌起义的部署正式确定下来。

这次行动是极端机密的。严格遵守纪律已成为周恩来的习惯。他去九江前，对邓颖超都没吐一个字。

周恩来26日由陈赓陪同赶到九江，他召开由谭平山、李立三、邓中夏等人参加的会议，报告了中央的意见。

27日，周恩来从九江秘密潜入南昌，住在朱德的寓所，并欣喜

南昌起义（雕塑）

地看到了朱德提供的南昌城防地图。

同一天，叶挺、贺龙的部队先后开到南昌。

贺龙当时虽没入党，但他对周恩来表示过："只有共产党才能救中国，只有马列主义才是救国救民的真理。我听共产党的话，决心和蒋介石、汪精卫这些王八蛋拼到底！"

也是27日，在南昌城内的江西大旅社正式成立了党的前敌委员会，由周恩来、李立三、彭湃、恽代英四人组成，负责前敌一切事宜。这次会议决定在30日晚举行起义。

28日，周恩来到设在子固路的第二十军指挥部去见贺龙，把行动计划告诉他。贺龙毫不迟疑地说：

"我完全听共产党的话，要我怎样干就怎样干！"

正当起义紧张地准备着时，30日早晨，张国焘来到南昌。前敌委员会立即召开会议。会上张国焘提出起义应先征得张发奎的同意，否则不能发动。

李立三一听，就说：

"那怎么行！什么都预备好了！没必要再讨论！"

周恩来明确表示：

"我认为暴动不能停止。张发奎已被汪精卫包围，决不会同意我们的计划。在客观上应当是我党站在领导地位，再不能依赖他！"

他的话得到其他成员的支持。

张国焘一看受到这样强烈反对，就抬出国际代表，想压周恩来。

周恩来再也忍不住了，拍案而起，激动地说：

"国际代表及中央给我的任务是叫我来主持这个运动，现在给你的命令又如此，叫我怎么负责！我还是即刻回汉口算了！"

由于说僵了，也没争论出结果。

31日早晨，再开会，又辩论了几个小时。最后张国焘屈服了，表示服从多数。于是决定当夜行动。

当天晚上却发生了一个意外情况：贺龙部队一个姓赵的副营长

跑去向敌人守军的团长告密。而那两个团长正由朱德陪着打牌——朱德是奉周恩来命令拖住敌人这两个主力团团长。

两个团长一听，大惊失色，匆匆离去。

朱德急忙把这个情况告诉了贺龙。

于是起义提前两个小时发动。

经过近一夜的激烈战斗，到8月1日清晨，城里的敌军全部肃清，共歼敌三千多人，缴枪五千多支，还有大炮数门。

南昌起义成功了，胜利打响了武装反抗国民党反动派的第一枪。

中国共产党领导下的人民军队也在这次起义中诞生了。而作为前敌委员会书记的周恩来，当之无愧地成为人民军队的光荣缔造者之一。

绝处逢生重奋起

南昌起义之后，根据中共中央的决定，起义军南征，要占领广东，取得海口，以求得国际援助。

起义军南征途中，先后攻占瑞金和会昌。在会昌战役后，贺龙在瑞金加入中国共产党。

然后，在三河坝分兵；由朱德、陈毅率领四千人留守三河坝；由周恩来、贺龙、叶挺、刘伯承等率起义军大部队奔赴潮汕。

9月26日，起义军先后攻占潮州、汕头和揭阳。这时，不包括留守三河坝的部队，起义军已减员到七千人左右。

9月28日，起义军在揭阳北部的山湖地区与敌人展开激战。由于敌人援兵不断开来投入战斗，起义军苦战三昼夜，伤亡惨重，于30日凌晨利用黎明前的黑暗主动撤出战斗，退守揭阳。

就在起义军与敌苦战时，敌另一部凶悍之师对起义军驻守的潮州发起袭击。守军不过千人，多是新兵，因寡不敌众，30日黄昏，在敌人九千多人的狂攻下，潮州失守。

潮州失守，汕头因没多少兵力，也只好在10月1日凌晨放弃。

10月3日，从山湖前线退守揭阳的部队，获悉潮汕失守，也撤出揭阳，辗转来到流沙。

整个局势对起义军极为不利，起义军首脑们在流沙开会研究对策。参加会议的有：周恩来（已染重病）、李立三、恽代英、彭湃、张国焘、谭平山、贺龙、叶挺、刘伯承、聂荣臻、郭沫若等。

其实决策大体已商定，只是征求刚从揭阳方面退回的叶挺、贺龙的意见。

决策是部队向海陆丰撤退，非武装人员愿意随部队的可留下来，不愿意留的就地分散。

听周恩来讲完，叶挺说：

"到了今天，只好当流寇了，还有什么好说！"他说的"当流寇"，是打游击的意思。

贺龙说：

"我心不甘，我要干到底。就让我回到湘西，我要卷土重来。"

会议还未结束，追兵已到，会议只好匆忙结束。部队由流沙向西，经钟潭奔向海陆丰。

周恩来这时高烧40度，由担架抬着，走在队伍最后面。有人看他病得太重，劝他离开部队先找个安全地方养病，但周恩来坚决地说：

"我的病不要紧，能支撑得住。我不能脱离部队。我们要到海陆丰，扯起苏维埃的旗帜来！"

部队离开流沙，因大路已被敌军占据，只能排着长队，从乡间小路上走。

向西南行约十里，到达莲花山。起义军先头主力部队刚越过一个三面环山的小盆地，敌人陈济棠的主力第十一师就杀到，把起义军拦腰切断，据险向后续的总指挥部和警卫部队猛烈伏击。

贺龙和叶挺指挥部队奋起还击。但战士们已经连续作战几昼夜，极度疲劳，新败之余，军心受到严重影响，又遭突然袭击，部队逐渐失去控制，陷于混乱，很快被打散了。

周恩来这时高烧得更厉害，常处于昏迷状态，有时神志不清，还在喊"冲啊！冲啊！"

部队被打散时，聂荣臻和叶挺守护着周恩来寻路而走，躲到附近一个小村子。但人生地不熟，又不懂方言，几个人只有一把小手枪，确实十分危险。

他们找到当地党组织负责人杨石魂，又找来一副担架，抬着周恩来，转移到陆丰的甲子港。

在这里，他们找来一条小船，周恩来被安排躺在舱里，舱里再也挤不下第二个人了。聂荣臻、叶挺和杨石魂只好和那位船工挤在舱面上。船太小，他们怕掉到海里去，就用绳子把身体拴到桅杆上。

就这样，一叶扁舟在茫茫大海中颠簸搏斗了两天一夜，好不容易才到了香港。

南昌起义后只保存下两支部队：起义军余部一千二百多人，由董朗、颜昌颐率领冲破重围，到达陆丰，与当地农军会合在一起，改编为红二师。举起苏维埃旗帜，创立海陆丰红色政权。

另一支队伍由朱德、陈毅率领进入湘南，发动了轰轰烈烈的大起义，后上井冈山与毛泽东的秋收起义队伍会师，创立了中国工农红军第四军。

南昌起义在共产党领导下，向国民党反动派打响了第一枪。

南昌起义在革命历史上有它的伟大意义。在广大群众没有出路的时候，树起新的革命旗帜，使革命有了新的前进方向，南昌起义起到了这个作用。

这次起义也有着深刻的教训。

周恩来曾把这个教训集中到一点，就是没有就地闹革命。

他说："当时武装暴动的思想，不想马上就地深入农村，发动土地革命，武装农民，它用国民革命左派政府名义，南下广东，想依赖外援，攻打大城市，而没有直接到农村中去发动和武装农民，实行土地革命，建立农村根据地，这是基本政策的错误。"

因为那时候，江西、湖南、湖北一带工农运动的基础比较好，起义军撤出南昌后，如果就地同湘鄂赣的工农运动结合起来，建立革命根据地，这对以后革命发展会更有利。

当时没有这个思想也不奇怪，中国共产党从诞生到这时还只有六年的时间，还处在一个幼年的阶段，它的领导人多数还很年轻，那时候的周恩来也才只有二十九岁。

他们的斗争经验还不多，特别在武装斗争这方面。

周恩来到香港时，病势仍然很严重，高烧让他常常陷于昏迷。

杨石魂把周恩来背到九龙油麻地广东道的一处住所住下，对外说是姓李的商人。

广东省委还派了一个受过护士训练的同志来照顾他，请了医生来诊治。这个来照顾周恩来的人叫范桂霞，她在以前参观黄埔军校的时候，见到过周恩来在会上讲话，所以认得周恩来。

有范桂霞的细心照顾，第三天周恩来的体温逐渐下降，清醒过来。

为了给周恩来增加些营养，杨石魂买了一只鸡，煮了鸡汤给周恩来喝。

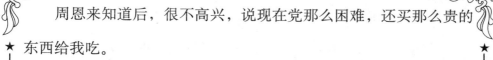

周恩来知道后，很不高兴，说现在党那么困难，还买那么贵的东西给我吃。

当他知道范桂霞在为在广宁训练农民自卫军工作，失去和爱人的联系担心时，就给她讲了革命者应有的恋爱观，说如果你所爱的人，是真的爱你的话，那么暂时分开又怕什么呢，这在革命中是难免的，但是不论是多么遥远的距离，他都会寻找到你的。

半个多月后，他的健康状况逐渐好转，开始能在别人陪同下过海到香港岛上参加中共广东省委召开的研究广州起义的会议。这时，已经迁到上海的中共中央决定召开紧急会议，10月23日写信给南方局并广东省委说："请你们通知恩来务于7日以前赶到上海以便出席。"

于是，周恩来从九龙深水埗乘船赴上海。

这次会议从11月9日开始，举行了两天，参加的除中央政治局委员外，还有中央指定的政治局候补委员和重要的省委或中央分局代表共十几个人。

会议由瞿秋白主持，在国际代表罗米那兹指导下进行。

会议通过了由罗米那兹起草的《中国现状与共产党的任务决议案》强调"无间断的革命"并对全国革命形势做了错误的估计。

革命已转入低潮，各地革命力量已遭受严重的摧残，共产党由原来的近六万人减至一万多人。可是决议案却认为中国革命的形势

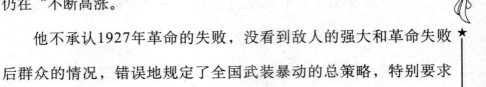

仍在"不断高涨。"

他不承认1927年革命的失败，没看到敌人的强大和革命失败后群众的情况，错误地规定了全国武装暴动的总策略，特别要求"使暴动的城市能成为自发的农民暴动的中心及指导者"。

这个决定使"左"倾盲动主义在中央取得了统治地位，国民党的屠杀政策在中国共产党内激起的强烈仇恨和渴望复仇的情绪，也助长了这种"左"的急性病在一些地方滋长起来。

会议指责南昌起义的前敌委员会执行的是"机会主义的旧政策"，给了以周恩来为书记的前委全体成员以"警告"处分，但是周恩来的才干已得到人们的公认，所以被增补为临时中央政治局常务委员。

那时周恩来在这方面的认识还很有限，他对革命潮流高涨这一估计并没有怀疑，对把主要注意力放在暴动问题上也没有反对，区别只是主张发动暴动必须考虑到主客观条件是否具备，必须做好周密的准备，不能不顾一切地蛮干，这自然是远远不够的，仍不能从根本上纠正"左"倾盲动主义的错误。

危险旅程

  1928年1月10日，中共中央政治局第七次会议决定，周恩来任组织局主任，担负起处理中共中央日常工作的重任。

  在此之前，贺龙来到上海，中共中央原想派他去苏联学习军事，他却请求回湘西老家搞队伍。可共产国际代表怕他回去变成新军阀。

  周恩来主张让贺龙回去，并说服中央领导人。临行前，他请贺龙和周逸群吃了一顿饭，告诉贺龙，给他派了以周逸群为首的几个助手。

  贺龙回到湘西，很快拉起队伍，打开了局面，逐步建立起湘鄂西苏区和红二军团。

  5月初，周恩来携邓颖超化装前往苏联，参加中国共产党第六次全国代表大会。

由于国民党统治下的白色恐怖太严重，而党又迫切需要有一段比较充裕的时间和安全的环境来认真总结一下大革命失败以来的经验教训，研究并部署今后的工作，所以，"六大"决定在苏联的莫斯科召开。

周恩来和邓颖超装扮成一对古董商人夫妇，由上海坐日本轮船去大连，再经东北转赴莫斯科。

在途中，发生过一段意外的遭遇。

当轮船刚停靠大连码头，他们正准备上岸的时候，驻大连日本水上警察厅上来几个人，对他们进行盘问，问周恩来是干什么的，周恩来很镇定的回答说是做古董生意的商人，其实在他们的箱子里一件古董也没有。

警察又问周恩来为什么买那么多的报纸，周恩来轻松地说是因为在船上没事可以看看报纸。

他们又问周恩来要去哪里？去做什么？

周恩来回答说是去吉林看舅舅。

他们当即让周恩来跟他们去了水上警察厅。

在那里，他们又详细询问了周恩来的出生年月日、学历、职业等等。

当问到周恩来舅舅的姓名，周恩来回答叫周曼青时，他们问周曼青是干什么的？周恩来回答是省政府财政厅任科员。

他们就问为什么周恩来姓王，而他的舅舅姓周。

周恩来就解释说：在中国舅舅和叔叔是有区别的，姓氏是不一致的，不像外国人舅舅、叔叔相混，因此，我舅舅姓周，我姓王。

对方又说：我看你不是姓王而是姓周，你不是做古董生意的，你是当兵的。

周恩来伸出手让他们看，说：我哪里像当兵的？你们看，这是当兵的手吗？

他们打开抽屉看卡片，然后说：你就是周恩来。

周恩来反问他们，你们有什么根据说我是周恩来？我姓王。

他们的一系列盘问，周恩来泰然沉着地一一做了回答。

他们之所以怀疑是周恩来，是因为周恩来在黄埔军校任职时有卡片。

当他们要带周恩来去水上警察厅时，没有涉及邓颖超，但是邓颖超不放心，也表示要一同去，周恩来就向她发了脾气。

等周恩来从水上警察厅回来，到旅馆找到邓颖超后就让她将接头的证件烧毁了，然后离开了大连、坐火车前往长春，然后转往吉林去看望他的伯父。

在车上仍然遇到了跟踪。

上车后他们就发现坐在他们对面的乘客是日本人。用中国话同

周恩来在中共六大讨论政治问题报告时的发言提纲手迹

他们攀谈。周恩来和邓颖超也同他聊天。

其实，周恩来和邓颖超已经识破了他是跟踪的了。

在长春站下车的时候，他拿出名片给周恩来，日本人有交换名片的风俗，周恩来应该立刻回名片的，但是周恩来当时并没有名片，所以就假装名片不在身上在箱子里，要上箱子里找，那人说不必了，就这样应付过去。

到长春后就没有人跟踪了。

但是在哈尔滨的接头证件已经烧毁了。无法同有关的人取得联系，只得在哈尔滨再等几天。在火车站等到了李立三，通过他联系上了关系，然后从哈尔滨乘火车到满洲里，进入苏联境内后，继续乘火车赴莫斯科。

"六大"的召开，经过了将近一年的酝酿和准备，会议的主题是要总结大革命失败的经验教训。特别是"八七"会议以来的党的工作，制定党在新时期的路线、方针和政策。

会前，斯大林接见了周恩来等中国共产党领导人，指出中国的革命形势已处于低潮，而不是表面上看到的高潮。他的指示，使大会有了明确的指导方向。

会议期间，周恩来的工作异常繁重，作为秘书长，他主持会议的全部日常工作，大会成立了十个委员会，他参加了其中的七个，并担任组织委员会和军事委员会的召集人，随后，又参加新成立的湖南问题、湖北问题、南昌暴动、广州暴动四个专题委员会，他精力充沛，工作非常有条理，行动也很快，处事很果断，所以给人们留下了非常深刻的印象。

在这个会议上，周恩来还充当了两个非常重要问题的报告人。

组织问题报告和军事报告。

周恩来在报告中提出了党今后的组织任务是什么的问题，他说：

党和群众的关系是很突出的问题，要把争取群众作为工作的中心点来抓。

革命的先锋——中国共产党有隔离群众和削弱的危险，虽然革命走入一个新的阶段，党内外组织也开始了一种新的结合，但实际上这种危险还很大，我们必须在国际决议指示下，在组织上巩固自己的政治影响，建立和发展工农革命的组织，并发展党的组织，使党能成为领导群众斗争的革命党。

这时候，共产国际在中国革命的指导思想上出现了一种错误的倾向：在会上，瞿秋白和张国焘发生了很激烈的争论，布哈林在大会的报告中责备张国焘和瞿秋白，说他们是"大知识分子，要让工人干部来代替他们！"

周恩来说：党在组织上的错误倾向之一是"反知识分子的倾向，我们对知识分子应用无产阶级的方法去使知识分子无产阶级化。"

周恩来还说：为了联合战线，不能破坏国民革命军，而要帮助国民党巩固国民革命军。这种巩固国民革命军的工作方针，就是根本取消了我们自己独立的军事工作的意义，其结果是没有尽力发展工人纠察队，没有将农村中的农军发展起来，来做夺取乡村政权的任务。

在报告中，周恩来专门谈了建立红军的问题。

建立红军的原则，一是要把旧军队的雇佣性质加以改变，可先采取志愿兵制；二是军官不一定非工农分子不可，但一定要无产阶级化；三是红军一定要有政治工作，红军建立后，不是常守在一个地方，而是要移动的，这与赤卫队常在一个地方是不同的，红军要帮助苏维埃政权的发展。

红军一定要与工农群众打成一片，否则就"失了红军的阶级基础"。

在这次大会上，周恩来被选为中央政治局委员和政治局常委，负责党的组织和军事工作，兼任政治局常委秘书长和中央组织部长。

大会结束后，周恩来还到了莫斯科中山大学去看望在那里工作和学习的中国同志们。

他热情的询问了他们工作和学习的情况。鼓励着他们，并且希望他们学成回国，为中国的革命贡献力量。

他深沉的目光和亲切的关注，深深地打动着每个人的心。

乌兰夫回忆说：

周恩来同志与我们交谈时的情形长久回荡在我心底深处，我们想，周恩来同志为什么对我们几个蒙古族的青年那么关注？很显然是把我们看作少数民族的代表，着眼于整个蒙古族乃至全国各少数民族，他的关注，饱含着对我们的无限希望，此后，我经过反复思索，萌发出了请求回国，投身到国内艰苦而又炽热的革命斗争中去的想法。经过我党驻共产国际代表同

意。1929年我回到国内，在内蒙古西部地区开辟和坚持地下斗

争，后来又开展了建立蒙古族武装斗争！

中央政治局常委还有：向忠发、苏兆征、蔡和森、项英。

向忠发为常委主席，可他是码头工人出身，思想水平和工作能

力都不行。蔡和森很快被撤销了政治局委员和常委职务。苏兆征次

年2月回国后，因病去世。

这样一来，新中央的工作实际上是由周恩来为主要负责人。

在周恩来主要负责中央工作这段时期，他主要的工作成绩是：

第一，整顿几乎被打散的党组织，恢复并发展党在国民党统治

区域内的秘密工作；

第二，指导各地区的武器斗争，努力扩大红军和农村革命根据

地，并把这个工作放在越来越重要的地位上；

第三，领导在严重白色恐怖下的保卫工作，保证中共中央的

安全；

第四，进行反对右倾取消主义的斗争。

险境·困境

由于周恩来卓有成效的工作，红军战胜初期严重困难，取得了显著的发展。到1930年3月，红军已编有十三个军，计六万两千七百多人，有两万八千九百多支枪。建立了十五个农村革命根据地。党所领导的革命游击战争扩展到了十二个省、几百个县。

周恩来在上海从事秘密工作，处于严重的白色恐怖下，环境异常险恶。蒋介石曾重金悬赏他的首级，可他毫不畏惧，沉着机智地应对变故，坚持继续工作。

他出入时经常化装，经常变换住址和姓名，他有许多办法对付特务，但却难以防备内部出叛徒。

由于叛徒的告密，党的许多重要领导人陈延年、赵世炎、罗亦农、彭湃、杨殷等先后被捕牺牲。

为了保护中央的安全，准确而及时地掌握敌人活动情报，周恩来直接领导了"特科"工作。具体工作由陈赓负责。还派遣共产党

上海云南路477号中共中央政治局会议旧址(今云南中路553号)

员打入敌人内部。

周恩来分工领导特科的工作。他将特科进行整顿，加以健全，于11月成立了特务科（"红队"），成为中央特科后来的三科。

一科在上海这个复杂环境中，设立许多秘密机关，组织会议，联系各地来的同志，营救被捕入狱的同志，以至收殓死难战友遗体，抚恤烈士家属等。

三科为保卫中央和领导人的安全进行斗争，镇压叛徒内奸，打击特务，抵制敌人的白色恐怖，震慑了敌人，曾经屡建功勋。

1928年4月，又成立了二科，由陈赓领导。二科的主要任务是收集情报，掌握敌情，直至在国民党领导机关建立反间谍关系，深入敌人要害部门，为保卫党和战友起了重要作用。

其中著名的如钱壮飞、李克农、胡底打入国民党特务机关核心，在顾顺章被捕叛变，中共中央机关和领导人面临重要危险的时刻，及时向中央提供了消息，使得中央机关和领导人及时转移，国民党抓捕时扑了一个空。

1928年10月，特科又建立了四科，由李强领导，负责筹建地下无线电台和培训报务员。

当然，周恩来在上海，主要的工作还不是领导中央特科。他肩负着使中国共产党重新站起来的重任，要把被破坏了、打散了的中国共产党，重新组织起来，发展壮大，领导中国人民继续进行革命。

"六大"后的新的中央，一方面着手调整，补充各省委组织的领导班子，一方面指示各地党组织领导党员深入到群众中去，加强党的组织建设。

这方面，1929年3月25日周恩来为中共中央起草的给中央顺直省委和山西省委书记汪铭的指示信，可以作为代表。信中说：

自"八七"会议至今一年有半，在白色恐怖压迫之下，各省组织几经破坏，干部牺牲不计其数，而自首告密叛变的事亦由南而北渐渐遍及于全国上级党部。

于是党的无产阶级基础日渐削弱，党的组织日益脱离群众，陷绝社会，上级党部机关尤多形成空架子，完全与群众生活相隔绝。因之自中央至支部有层层机关，而工作效能极其微弱。

为了改变这种状况，信中指出：

因此，中央特改定，各级党部的设立，必须其所管辖区域的下层组织已经建立起来，工作已有开展，然后才能由此种下层组织成立上层组织。

嗣后凡是下层组织没有工作，或是被破坏之后，主要的路线应是领导同志走入工厂农村社会中，寻找职业，深入群众，以恢复和建立党的组织。党的组织必须在此种基础上才能谈到恢复和建立。

大革命失败后，中国共产党的很多地方组织遭到严重破坏，山西省也是如此。这封指示信告诉他们：整顿地方工作的程序，应先从中心区域做起，如太原、阳泉、绛州、榆次、河东诸地（大同由京绥路方面建立关系）。而且很具体地告诉他们恢复组织的方法：

假使在太原、榆次这类地方，仅只找到几个同志，最初便须以支部的形式开始他们党的生活。

主要的工作自然须依照中央前次致山西的信去做。要能在群众中注意日常生活的痛苦所在，鼓励起日常斗争的要求和情绪，以发展到行动，并在这一艰难困苦的工作中训练我们的战

斗员。

假使我们能在每一个地方，得到几个能深藏在群众中，能领导群众斗争的同志，则便是仅仅这几个同志，便是仅仅一两个工人支部，也会使这一些组织成为山西工作发展的核心。

要在一个地方建立起几个健全的支部后，再成立地方党部——县、市委的组织。务使这一组织，能从几个有群众基础、有社会关系的支部基础上建立起来。县、市委负责同志也要多由在业同志选出担任，这样才能避免空架子机关的毛病。

在县、市委没有成立前，几个支部并存时，可指定一个较健全的支部为特支，指导其他支部的工作。中心县、市委须指导其他邻近县份。

周恩来除了从组织上对党的组织进行整顿和再建外，还提出了要以思想上建设，后来在党的建设上着重从思想上建党，成了中国共产党的特点和优点之一，这是符合中国革命的实际要求的。

当时在上海，还多次举办军事训练班。训练班一般时间不长，人数不多，但很有作用。

在敌人的眼皮底下，训练班办得很秘密，从未被破坏过。

上海新闸路附近的武宝路修德坊6号，是一座四层楼的洋房，这里就办过特别训练班。一二楼是医院、三四楼办训练班。这是周恩来研究决定的。有时候，一座三层楼房、第一层是店面、第二层就是训练、第三层是宿舍。

周恩来等来讲课，先到第一层谈谈，似乎是做买卖，然后到二层。学员住在三层不出门。训练完毕，分配工作。周恩来非常注意军事干部的提高。除举办军事训练外，还向根据地送军事书籍。

例如1930年9月至10月间，刘伯承、叶剑英、李卓然等从苏联学习归来到上海。周恩来就支持聂荣臻他们翻译苏军步兵战斗条令和政治工作条例，译出后送往各苏区。

聂荣臻说：

我们认为，翻译一本苏联军队的步兵战斗条令和政治工作条例，对前线会有所帮助。

军委、军事部的另一部分工作是对国民党的军队开展工作。

1929年3月31日，周恩来修改、审定的中央关于军阀战争中的士兵运动给各省委的指示信发出。信中说：

加紧我们在敌军士兵群众中的工作，这是目前我们中心工作之一。各级党部应趁此机会，尽量地利用在各军队中旧有线索。应尽可能地在不妨碍我们工农运动的情况下，送些同志尤其是为革命而失业的工农同志，到军队去当兵或任其他职务。对自发的兵变我们应设法去领导这种兵变的出路，如范围比较大的，我们可以领导他们走入农民斗争区域，发动游击战争。

在红军区域或我们领导的农民武装区域的周围，可以去投入红军。在战争区域内，我们应注意领导农民中勇敢的分子去夺取溃兵及散兵的武器武装农民。

关于对国民党军队的工作，周恩来也举办训练班。

例如1930年2月，他指示李卓然等在上海秘密组办兵运训练班，训练投诚的或被俘的国民党军官兵。学员结业后，就派回国民党军队进行兵运工作。

1931年3月，他指示朱瑞、李富春举办兵运策略训练班，并把参加学习的袁汉澄、王超、李肃等派往国民党军的二十六路军工作。这年12月第二十六路军在江西宁都起义，加入红军，编为红五军团。

1929年7月，周恩来派邓小平到广西，对广西的国民党省政府俞作柏和国民党广西绥靖公署主任李明瑞进行工作，并先后派了四十多人去广西。邓小平的工作取得很大成绩，后来发动了著名的左右江起义。

聂荣臻到中央军委工作之前，到过国民党军孙连仲的第二十六路军进行工作。西北军吉鸿昌反对内战，主张抗日，军委就派刘仲华通过邓宝珊与吉鸿昌取得联系。1932年吉鸿昌加入共产党，1934年不幸被捕牺牲。军委还通过曾希圣、与国民党将领李明灏建立了联系……

聂荣臻说，军委工作的主要内容，是指导和支持各个革命根据地的军事斗争，向革命根据地提供情报，也是军委的重要任务之一，因为军委通过各种途径，对于国民党打算向我们什么地方进攻，什么时候多少兵力，一般都能及时了解，就通报给各革命根据地。除了情报，还为他们输送干部，提供药品和其他物资。

在周恩来的领导下，1929年在上海建立了党的第一个秘密无线电台，它的第一本密码，是周恩来亲自编制的。

1930年初，香港设立的第二个秘密无线电台与上海开始通讯。同年，在苏联学成的一批无线电台工作者相继回国，同上海培训的报务人员一起，先后被派往中央苏区，鄂豫皖苏区和湘鄂西苏区。

1931年9月，上海党中央同中央苏区开始直接通报。

1930年5月，蒋介石同阎锡山、冯玉祥之间开始了中原大混战。这种形势为革命力量的发展提供了有利的时机。

可党内以李立三为代表的"左"倾错误却在这时恶性地发展起来了。

周恩来3月去莫斯科向共产国际报告工作，中共中央书记向忠发就事事依靠李立三。

李立三那种"左"倾急性病正好发作，不切实际地夸大当时出现的有利形势，走上了"左"倾冒险主义道路。他命令红军由防御转入进攻，去夺取大城市，使众多红军将士白白牺牲，给革命造成重大损失。

8月19日，周恩来从莫斯科回到上海，立即与李立三的"左"倾冒险主义进行了坚决斗争。

8月26日，瞿秋白也到了上海，他和周恩来帮助李立三进一步承认了错误。

9月24日至28日，中国共产党六届三中全会扩大会议在上海秘密召开。

周恩来是这次全会的实际主持人，但他谦虚地把瞿秋白推到前台，让瞿主持会议，做报告，发表结论性意见。

会上选举产生新的中央政治局委员：

向忠发、周恩来、瞿秋白、项英、张国焘、关向应、李立三。

还选出政治局候补委员：

李维汉、徐锡根、卢福坦、罗登贤、温裕成、毛泽东、顾顺章。

王明和博古刚从莫斯科回国不久，深受共产国际东方部副部长米夫的器重。

王明和博古指责三中全会没有充分地揭露李立三机会主义的实质，要求中央正式公开宣布李立三路线的错误实质。

他们的指责，得到了一些人的支持和响应，如罗章龙、徐锡根、王克全等。他们早对中央心存不满，强烈要求趁机改组中央。

周恩来等人坚持正确路线，与王明等人的小组织活动进行了坚决斗争。

12月，共产国际东方部副部长米夫以国际代表的身份秘密来到上海。

米夫在会见完王明那个小组织成员后，提出召开四中全会，全会的中心是反右倾，并严厉地指责了三中全会和11月25日的决议案。

当瞿秋白还是中共驻国际代表团负责人的时候，共产国际执委政治委员会通过了一个关于代表团行动问题的决议案，指责中共驻国际代表团应对莫斯科中山大学的派别斗争负部分责任。要中共中央在必要的限度内刷新中共代表团的成分，同国际"商定新的成分"，并且说瞿秋白已走上了"与托派联盟的道路"，要撤销他的中共代表团长职务，调回国内工作，共产国际并没有要瞿秋白回国后主持中央的政治局工作的意图，但是由于周恩来的谦让，回国后由瞿秋白主持了六届三中全会，并在会后成为中共中央政治局主要负责人。这是共产国际不能接受的。

共产国际在10月给中共中央的指示信里对周恩来是肯定的。说：中国党"在伍豪同志报告之后，政治局已经取消以前的决议，而完全同意于国际执委和中国共产党中央代表团所共同拟定的决议。共产国际执委会很满意。"要指出的是在国际执委及中共中央政治局几个委员和政治局其他几个委员以及立三同志之间，发生了最严重的意见分歧，这是"两条路线的原则上的区别。"

后来就批评瞿秋白，说他"无原则地领导了三中全会。"

一开始，周恩来对于王明等人的吵闹，并不了解。以为王明是因为不满中央派他去苏区工作，所以掀起风波。不久共产国际的10月指示信到达，他才恍然大悟。

11月22日，中共中央政治局召开扩大会议。周恩来在会上承担了责任，发言承认三中全会是"取了调和态度"，但同时说，三中全会是在国际路线之下传达国际决议的。

11月25日中央政治局做出《关于最近国际来信的决议》。决议同意共产国际的十月来信，但还是申辩说，"三中全会一般的已经接受了国际的路线，立三同志在三中全会之上也已经承认自己的错误"，反对把三中全会和国际路线对立的企图。

会议对王明等反中央的宗派活动进行抵制，批评他们先于中央知道10月来信的内容后，不向中央政治局报告和请示，却以突然袭击的方式提出立三路线问题和调和问题，这"不是帮助中央，而是进攻中央。"并指出："政治局认为在党内实行'公开辩论'立三同志路线问题是不适宜的——现在对于党正是很困难的时候。"

当时中共中央是在上海这个国民党反动派和帝国主义的统治区，保持秘密都还唯恐不周，要实行"公开辩论"，其危险性是可想而知的。

周恩来在中央机关人员会议上做报告，"反对将三中全会与国际路线对立，反对有小组织倾向的人超组织的活动"。

他批评王明等人过去虽然和李立三在某些问题上有过争论，是借此扩大他们自己。还批评了王明拒绝到苏区去工作的错误。

王明等凭借着共产国际米夫的支持，他们的宗派活动并未因此而收敛。米夫到上海提出要王明任中央江苏省委书记，博古到团中央负责。他指责三中全会和11月25日中共中央政治局扩大会议，决定召开四中全会，中心是反右倾。

1931年1月7日，六届四中全会在上海秘密召开。

米夫在会上挖苦周恩来，说：

"恩来同志自然应该打他的屁股，但也不是要他滚蛋，而是在工作中纠正他，看他是否在工作中改正他的错误。"

不让周恩来"滚蛋"，是因为没人可以替代他为党工作。

而让瞿秋白、李立三、李维汉、贺昌等人真的"滚蛋"了。

周恩来面临复杂而艰难的局势，遭到了不应有的打击，可他没悲观消沉，撒手不管，而是在艰难的处境中默默工作。

1931年4月下旬，也就是四中全会后三个多月，参与领导中央"特科"工作的顾顺章在武汉被捕叛变。

幸好打入国民党中央组织部调查科当机要秘书的地下党员钱壮飞得到消息，立刻派人连夜从南京到上海，报告中央"特科"负责人李克农转报中央。

太危急了！中共中央有被敌人一网打尽的危险，只因顾顺章知道得太多了！

周恩来临危不慌，果断地采取行动，进行周密部署，采取一系列紧急措施：销毁大量机密文件；转移党的主要负责人和干部；切断顾顺章在上海所能利用的重要关系；废止顾顺章所知道的一切秘密工作方法。

就这样，等敌人在顾顺章指引下进行大搜捕时，一一扑空。

这以后，中共中央领导机关的活动范围被迫更加缩小。

而新的危险又来到了：

向忠发因不听周恩来劝告，6月21日擅自外出，还在外面住了一夜，结果次日就被捕了。

周恩来和邓颖超立即撤离住处，他们前脚一走，敌人后脚就去搜捕他们，并派人去他家守候。

周恩来痛心疾首：知道向忠发也叛变了。

他在上海已无容身之所，决定去中央革命根据地。

也在这年9月18日，发生了九·一八事变。日本帝国主义强占了我国东北地区之后，又以武力威胁我国华北地区，企图用武力迫使国民党政府做出更大的让步。

战斗在苏区

　　1931年12月上旬，周恩来化装成一个普通工人，搭乘客货混装的小火轮秘密到汕头。

　　然后又化装成画像先生，由交通员护送乘火车到安州，再换乘轮船到大埔。

　　后由六名交通员武装护送穿过封锁线，在12月中旬到达永定境内的乌石下村。两天后进入上杭县境——这里就是苏区了。

　　进入苏区，周恩来十分兴奋，他利用沿途休息时，同遇到的人谈话，感到非常亲切。

　　12月22日到达长汀，他在省委、省苏维埃和长汀县委的领导人会议上，作了八个小时的长篇报告，对当前形势和党的任务作了详细的阐述。

在周恩来离开上海前，经共产国际批准，成立了临时中央。临时中央的政治局共六人：博古、张闻天（洛甫）、康生、陈云、卢福坦、李竹声。由博古负总责。

12月底，周恩来到达中央革命根据地的首府瑞金，会见了早在这里的毛泽东、朱德以及先期到达的任弼时、项英、王稼祥等，并就任中共苏区中央局书记。

周恩来到苏区第一项主要工作就是制止了苏区肃反扩大化，平息了ＡＢ团扩大化的乱抓滥杀，挽救了许多无辜的生命。

1932年1月28日，日本侵略军又直接在江浙地区采取军事行动，向上海大举进攻。

3月1日，日本在东北制造了伪"满洲国"，国难越来越深重了。

这时，远在上海的由博古负总责的临时中央推行比李立三更"左"的错误路线，一味强调在国内革命战争中采取所谓的"进攻路线"，要求红军攻打中心城市。

他们对形势的估计是：

"目前中国政治形势的中心的中心，是反革命与革命的决死斗争。"

这时，中央苏区的红一方面军已经粉碎了国民党军队三次"围剿"，加上国民党第二十六军宁都起义，总计兵力约六万人。

这样的兵力防御都很困难，去进攻中心城市无异以卵击石。

周恩来针对临时中央的指示，与毛泽东交换了意见，然后致电临时中央，明确表示：进攻中心城市有困难。

可临时中央复电：至少要在抚州、吉安、赣州选择一个城市攻打。

毛泽东仍不同意。

周恩来和苏区中央局多数领导人觉得，这三个城市中赣州处在苏区的包围中，攻下它可以使中央苏区和湘赣苏区连成一片。加上他们对赣州守敌的兵力估计过低，错误地认为可以打下赣州。

于是，便由中央革命军事委员会发出攻取赣州的军事训令。

根据这个训令，以第三军团为主力，由彭德怀为前敌总指挥，于1932年2月3日起，打响了围攻赣州的战役。

结果，赣州守军有一万八千人，而攻城的红军才一万四千人。加上赣州三面环水，一面陆地，城墙高达两丈，易守难攻。后来敌人又来了援兵，让红军腹背受敌，不得不在3月8日撤出战斗。共打了三十三天，城未攻克，伤亡很大。

赣州撤围后，红军集结在赣州以东以南地区整训。后又兵分两路，彭德怀率领第三军团向赣江西岸出击，称西路军；毛泽东率一、五军团向闽西发展，称东路军。

这次分兵取得了很大胜利：

东路军攻占漳州，得到大量武器、弹药和军需物资的补给。

红军长征到达陕北后的周恩来

西路军也扩军四十个营。

但临时中央却对这种状况十分不满，接连对苏区中央局提出严厉批评，要求他们采取积极进攻的策略，争取一省几省的首先胜利。

在临时中央的瞎指挥下，发生了红一、五军团与敌重兵在水口恶战，双方都伤亡惨重。

5月初，邓颖超到达苏区，在瑞金带病坚持工作，不久担任苏区中央局的秘书长。

正当红军在瞎指挥下，盲目地进攻城市时，蒋介石磨刀霍霍，发动了第四次"围剿"。

这时，周恩来一直战斗在前线，他亲眼看到了临时中央瞎指挥给红军造成的恶果，便带头抵制临时中央的错误命令。

这样一来，苏区中央局、前线军事领导人同临时中央的矛盾迅速激化了。

1932年10月上旬，苏区中央局全体会议在宁都召开。

会上许多人对毛泽东进行了批评，并强烈要求把毛泽东召回后方。他们当然是贯彻执行临时中央的错误路线。

周恩来不同意把毛泽东召回后方，他认为毛泽东有多年的作战经验，提出了两种办法：

一种是他负战争全责，毛泽东仍留前方协助；另一种是毛泽东

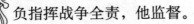

负指挥战争全责，他监督。

有人认为他这是变相地要留毛泽东在前方，表示反对。

毛泽东也因不能取得中央局的全权信任，坚决不赞成后一种办法。

就这样，批准毛泽东暂时请病假，必要时可到前方协助周恩来。

尽管这样，苏区中央局一些人对周恩来仍很不满，致电临时中央：抱怨他在会上不批评毛泽东，反而有些地方替毛解释掩护。

张闻天于是明确表态：

"泽东可调回后方做苏维埃工作。"

就在宁都会议前后的日子里，在敌人第四次"围剿"下，湘鄂西和鄂豫皖两个苏区的红军主力先后退出原有的革命根据地——这是临时中央瞎指挥造成的失败。

随后，中央苏区也遭受了敌人重兵的猛攻，形势万分危急。

周恩来和朱德指挥五万红军开始迎击。

战斗中，周恩来再也不听临时中央的瞎指挥了，与朱德指挥红军采取攻势防御，避敌锋锐，打敌虚弱，在黄陂、草台冈两次战役中，共歼敌三个师，两万八千人，迫使敌人变攻为守。

就在第四次反"围剿"战争胜利进行时，原上海的临时中央处境日益恶劣，不得不在1933年春迁来中央苏区。

博古一到中央苏区，就把党、政、军权全抓到自己手里。

好在这时，"围剿"的敌人已开始撤退。周恩来和朱德成功地指挥红军粉碎了敌人第四次"围剿"。

临时中央到苏区后，博古错误地把红军一分为二，形成东方军与中央军。

这样，当第五次"围剿"开始时，红军力量更加薄弱。

更要命的是这时又来了一个"瞎指挥高手"——共产国际派来的军事顾问、德国人李德。

李德一到，博古就把红军的指挥权交给了他，而把朱德、周恩来调回后方。

结果，在第五次反"围剿"中，红军与敌人打起了正规战，连连失利，节节败退。

李德见"强攻"不行，就进行"死守"，与敌人重兵拼消耗，结果也没守住，六路敌军步步向中央苏区中心地区推进。

战斗打到1934年的4月下旬，中央苏区的北大门广昌失守，中央苏区眼看保不住了。

这时李德无计可施，抱病消极，向博古提议放弃中央根据地，红军主力进行战略大转移。

博古把筹备"战略大转移"的重任又压在了周恩来肩上。

连周恩来也没想到，这次战略大转移竟发展成了——长征。

长 征

　　红军主力要西征，中共中央决定留下项英等人组成苏区中央局，率领一万六千红军，在中央根据地坚持游击斗争。

　　陈毅当时负重伤，坐骨断了，体内有许多碎骨，痛得不能起床，住在红军医院里，又无法开刀，难以随军长征。

　　10月9日，陈毅给周恩来写信。周恩来立刻下令卫生部长贺诚打开已装箱的医疗器材，派两个医生给陈毅做了手术。

　　手术后第二天，周恩来到医院来看望陈毅，他说：

　　"我们今天就要走了，中央决定你留下来坚持斗争。你有革命斗争的丰富经验，既有政治斗争经验，又有军事斗争经验。更可贵的是你有井冈山斗争的经验，有中央根据地几次反'围剿'的斗争经验。相信你一定能依靠群众，依靠党的领导，坚持到胜利。"

　　陈毅说：

"我听从党的安排，一定工作好。"

邓颖超当时患着肺病，痰中总带血丝。她在行动前不知道这次战略转移的意图，对周恩来说：

"恩来，你看我病成这样子，就不随军行动了吧。"

周恩来说：

"这是组织决定的，你就坚持一下吧。"

这样，邓颖超同董必武等人一起，编在干部休养连，带病随卫生部行动。

1934年10月10日傍晚，中共中央和红军总部从瑞金出发，率领红军主力及后方机关八万六千多人开始西征。

11月15日，红军主力在良口、宜章之间通过敌人第三道封锁线，进入广西北部。

这时，蒋介石已知道红军主力前进方向，一面急令各路大军向湘江集结，一面电令湘江封锁线死守。

11月27日，红军先锋部队胜利攻占湘江渡口界首。但由于红军人多东西多，行动迟缓，影响了渡江速度，使敌人援兵源源开到，投入战斗。

湘江战役是中央红军在长征途中最惨烈、损失最惨重的一次战役，整整打了四天四夜，直到12月1日，红军主力才全部渡过湘江，突破敌人的最后一道封锁线。

在湘江战役中，周恩来、朱德沉着指挥红军战斗，博古、李德却惊慌失措。

红军虽然跳出敌军的重围，也付出了沉重的代价，由出发时的八万六千多人，锐减到三万多人。

渡过湘江后，红军的处境仍很危险。因敌人已判明红军行动意图，并在通往湘鄂西的前进路上部署了重兵，准备在那里围歼红军。

在这危急关头，毛泽东主张放弃到湘鄂西去同红二、六军团会合的计划，而改向敌人力量薄弱的贵州前进。

周恩来、朱德都赞同毛泽东的主张。由于这时博古、李德因失败而灰心丧气，红军的指挥实际上又由周恩来、朱德担当起来。

就这样，红军突然折入贵州，把十几万敌军甩在湖西，赢得了主动。

12月15日，攻占黎平，部队得到了喘息和休整。

在黎平，由周恩来主持召开了政治局会议，研究红军该向何处去的问题。

李德还主张去与红二、六军团会师；周恩来采纳毛泽东的意见，主张西进渡乌江后北上。

周恩来的主张得到红军总司令朱德的支持，其他政治局委员也同意周恩来的主张。

就这样，红军从黎平出发，向遵义前进。

李德因在会上陷入孤立而失败，大为恼火，可是他已经指挥不了部队了。

1933年12月，周恩来和红一方面军领导人在福建建宁合影。

1935年1月1日，中共中央又在瓮安的猴场召开政治局会议，对博古、李德不愿渡河，提出批评。这次会后，完全停止了李德对红军的指挥权。

1月2日至6日，中央红军分三路渡过乌江，7日红军先头部队袭占遵义。

9日，周恩来随军委纵队进驻遵义。

15日，召开了中国共产党历史上具有转折性意义的政治局扩大会议。

周恩来在会议期间所做的努力，起到了别人不可替代的作用。正如毛泽东会后所说的那样：

"如果恩来不同意，遵义会议是开不起来的。"

遵义会议挽救了红军，挽救了中国共产党，它的成功之一就是重新确立了毛泽东在党和红军中的领导地位。

会议上，毛泽东发表长篇讲话，对博古的错误军事路线提出尖锐批评，阐述了中国革命战争的战略问题，指明了今后的方向。

周恩来讲话时，对自己应该承担的责任，作了自我批评，也批评了博古和李德，并表示支持毛泽东的正确主张。

王稼祥、朱德、李富春、聂荣臻等人也先后发言，都支持毛泽东的正确主张。特别是一向稳重温和的朱德，激动地说：

"如果继续这样的领导，我们就不能再跟着走下去！"

遵义会议后，毛泽东、周恩来、朱德三人对红军协同领导和指挥，与围追堵截的敌人重兵展开周旋，四渡赤水，抢渡乌江，巧渡金沙江，强渡大渡河，终于胜利到达懋功地区。

6月12日，中央红军在翻过大雪山夹金山后，与赶来迎接的红四方面军先头部队胜利会师。

中央红一方面军和红四方面军会师后，6月26日，在两河口召开中共中央政治局扩大会议。主要是为了统一思想，明确两军会合后的战略方针。

会上，周恩来作了目前战略方针的报告，明确提出不能就地发展，也不能向东、向南和向西北发展，唯一可行的就是北上到川陕甘建立根据地，以实现"背靠西北，面向东南"的发展战略。

在会议上，张国焘没说什么，可会后，红一方面军已北上出发，他的红四方面军却按兵不动。

因为他见红一方面军才三万人左右，而他红四方面军有八万多人，个人野心进一步膨胀，便开始阴谋夺权。

7月10日，红军总部到达芦花，见四方面军没有跟上来，周恩来、毛泽东和朱德立即致电张国焘让他按照原定的北上原则，迅速率部北上。

对于张国焘唆使部下要权力的电文，周恩来提议把他担任的红军总政委职务让给张国焘。他完全是为了顾全大局，维护两大主力红军的团结。

就这样，张国焘当上了红军总政委，才勉勉强强率部跟上来。

由于张国焘的拖延，红军失去了战机，只好改变行军路线。

8月初，为了对付张国焘，中共中央决定把一、四方面军混合组成左、右两路军北上。

左路军由红军总司令部率领，以朱德、张国焘为首；右路军由中共中央、前敌总指挥部率领，以周恩来、毛泽东、徐向前为首。

徐向前是红四方面军的领导人，在右路军中还有任前敌指挥部政委的陈昌浩——他是张国焘的追随者。

就在这时，周恩来突然病倒了。

他太累了。在长征以来，他常常整夜不睡，实在支持不住了，才伏在桌上眯一会儿。由于睡眠不足，怕骑马打盹儿摔下来，只好步行。另外，吃的又是野菜和青稞，营养也上不去，身体终于垮了。

他病得突然而凶猛，一直高烧，不能进食。开始医生当作长征途中多发病——疟疾来治，可几天烧仍不退，而且发现肝部肿大，皮肤黄染。

后经确诊，是肝炎，已变成阿米巴肝脓疡，急需排脓。但因环境所限，无法消毒，不能开刀或穿刺。医生只能用治痢疾的易米丁，并让人到高山上取冰块冷敷肝区上方。

为照顾周恩来，邓颖超来到周恩来身边，日夜陪伴。周恩来与受伤的王稼祥同住在一起，邓颖超只能睡在铺着稻草的地上。

由于周恩来重病，他是被人用担架抬着过的草地。

过草地时，一天邓颖超陷入了沼泽，一直到胸口，她不敢再动。等了很久，才被后面赶来的人慢慢地拉出来。

右路军走了六天六夜，才走过草地，在班佑、巴西、阿西一带休整，筹集粮食，等候左路军前来会合。

但意外的消息又传来：

张国焘借口噶曲河涨水，回军阿坝，不愿北上，并要求右路军南下。

周恩来这时病已渐好，与毛泽东、张闻天、博古、徐向前、陈昌浩、王稼祥联名致电张国焘，要他北上。

可张国焘不听，反而在9月9日密电陈昌浩，命令右路军南下，企图分裂和危害中央。

担任右路军参谋长的叶剑英看到电报，立即报告了毛泽东。

毛泽东、张闻天、博古当即来周恩来住处开会。为了贯彻北上方针，避免红军内部可能发生的冲突，决定连夜率一、三军团和军委纵队迅速转移，脱离险境。

第一、三军团是原红一方面军的主力，没有走的是原红四方面军混组进来的部队，他们归徐向前、陈昌浩指挥。如果他们执行张国焘的命令，强行挟持中共中央南下，势必造成红军打红军的惨局。

红军长征时期的周恩来

由于徐向前的作用，红四方面军的部队没有阻拦中共中央率部离去，他们奉张国焘命令回头南下，与张国焘会师。

9月17日，北上红军先锋部队一举突破川甘边界的天险腊子口，进入甘南开阔地带，随即挥师向东，次日乘胜攻占哈达铺。

在哈达铺得到一张国民党的报纸，得知陕北有相当大的一片苏区和为数不少的红军。

于是，毛泽东提出，红军和中共中央去陕北。周恩来同意毛泽东的提议。

10月19日，北上红军到达吴起镇，受到陕甘根据地军民的热烈欢迎。

至此，中共中央和所率领的这部分红军胜利完成了长征。

瓦窑堡遇险

中央红军来到陕北时，正赶上蒋介石对陕甘根据地发动第三次"围剿"。

在周恩来、毛泽东的指挥下，中央红军和当地红军在直罗镇打了一个大歼灭战，歼灭来犯之敌一〇九全师和一〇六师的一个团，胜利粉碎了敌人第三次"围剿"，解除了陕甘根据地周围的险象。

随后，由周恩来、毛泽东直接过问，释放了陕甘根据地"肃反"时错捕的一批同志，救出了对创建陕甘根据地有大功的刘志丹。

1935年12月8日，中共中央移驻陕北张县瓦窑堡。

12月17日至25日，中共中央在瓦窑堡召开政治局扩大会议，讨论政治形势和党的策略路线问题。

这次会议的成功之处，在于它不失时机地制定了抗日民族统一战线的政策，使党在新的历史时期将要到来时，掌握了政治上的主动权。

简单说，就是共产党决定提出联合国民党一起抗日。

要联合国民党一起抗日，对东北军的工作很重要。

东北军是当时奉蒋介石命令，"围剿"陕甘根据地的主力。可九一八事变之后，东北军广大将士身受家乡沦陷的痛苦，强烈要求打回老家，而不愿同主张抗日的红军作战。

抗战初期的周恩来

这种情绪对张学良和其他高级将领也产生了影响。张学良在九一八事变中痛苦地接受蒋介石的命令，不经抵抗便失去东北四省，受到举国上下唾骂，入关后又"剿共"受挫，受到老蒋的冷遇，心里一直不是滋味。

中共中央分析到了张学良和东北军的情况，在瓦窑堡会议上决定成立东北军工作委员会，由周恩来任书记、叶剑英为副书记。

于是，周恩来全力投入这项艰巨的工作。

他下令释放了在战斗中俘虏的东北军团长高福源，让高回去劝说张学良同红军联合抗日。

随后由高福源牵线，周恩来派中共中央联络局长李克农与张学

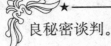

良秘密谈判。

另一方面，中共中央北方局的王世英在西安又同杨虎城密谈。

就这样，中共中央同张学良、杨虎城之间的联络渠道正式打通了。

根据李克农与张学良谈判情况，周恩来由李克农陪着于1936年4月9日晚，悄悄来到延安城内的一座教堂同张学良晤谈。

周恩来和张学良一见面，就说：

"我对东北很有感情，我是在东北长大的。"

一句话就把两人之间的距离拉近了。

张学良笑着说：

"我知道，听我的老师张伯苓说过。"

周恩来一怔：张伯苓曾是南开学校的校长，怎么会是他的老师？

就问：

"您说的是南开的张伯苓吗？"

张学良说：

"是的。我原来抽大烟，打吗啡，后来听了张伯苓的规劝，完全戒除了，因此拜他为师。我们是同师啊。"

正式会谈就在这种亲切而轻松的气氛中开始了。

会谈中，张学良表示不愿打红军，可现在又不能离开老蒋，因财政上要依靠蒋。他认为老蒋在抗日问题上也很矛盾，但可能抗日。让共产党在外面逼，他在里面劝，促使老蒋走上抗日道路。

周恩来表示可把这些意见带回去，提请中共中央考虑后再作答复。

4月13日，周恩来回到瓦窑堡。

5月初，蒋介石突然严令东北军向北推进，消灭红军。

为不使张学良为难，中共中央决定把瓦窑堡让给东北军，中共中央机关向保安转移。

在部署转移时，中共中央将守卫瓦窑堡的卫戍部队调往西前线，去监视盘踞绥德一线的汤恩伯部队。

而因与东北军、西北军已有默契，未派兵牵制。

不料北面的东北军高双城部队的一个骑兵营，听说中共中央撤离瓦窑堡，想抢先进入，乘机劫掠一些物资。于是，在营长张云衢的率领下，未请示高双成，擅自勾结一些地主武装近千人，偷袭瓦窑堡。

6月21日，早饭后，周恩来已做好了撤离准备，只等毛泽东起床后就出发。这时突然传来枪声。周恩来派参谋陈友才去了解情况。

陈友才去找军委副参谋长张云逸，得知张已去瓦窑堡西门，那里枪声很密集。

很快，张云逸派参谋孔石泉来向周恩来报告：横山石湾方向有大批敌人攻来，县游击队、赤卫队正在阻击，但武器不行，难以坚持长久。

周恩来立即下令调红军大学学员前往栾家坪方向进行警戒，并组织警卫通讯连、保卫队的战斗人员，作迎击敌人的准备。

然后，快步来到毛泽东居住的院子，向毛泽东处的警卫员说：

"快去通知主席，敌人打来了，迅速做好转移准备。"

又对身边的参谋陈友才说：

"快去查一下后方机关，没撤的快撤。"

这时，敌人大部分已攻到，警卫通讯连、保卫队总共不到百人，红军大学的学员也投入战斗，可多数没枪，有枪的也只是手枪。在敌军的猛攻下，防线被突破。

周恩来从毛泽东的院子里刚出来，就见张云逸飞马赶到，急道：

"周副主席，您怎么还不撤离？顶不住了！我们人太少了！您快走，我殿后。"

周恩来说：

"主席还没走，我怎么能走！不要慌嘛！"

毛泽东由两个警卫员陪着不慌不忙地走出院子，问：

"来的是哪一股敌人？"

张云逸说：

"是北面的高双城部，还有地主武装混在里头。我到前面去了。"又上马离去。

周恩来对毛泽东说：

"主席，你快走吧，我和张胡子掩护！"

毛泽东说：

"你也不要久留。"

随后，他们往左拐，直奔一个十字路口，想南行，从瓦窑堡南门冲出。

可他们一行到达十字路口，正准备南拐时，突然从西面冲过来一股敌军，边打枪边喊叫冲向十字路口。

周恩来对身旁的陈友才说：

"快冲上去，压住这股敌人！"

陈友才立即率领一个班，迎着冲来的敌人冲过去，打死打伤几个敌人。敌军以为中了红军埋伏，掉头就退了回去。

毛泽东一行迅速通过十字路口，走出瓦窑堡南门。周恩来仍留在城里指挥堵击敌军，可他指挥的还不到两个班。

这时，张云逸带着几个人飞马来到周恩来跟前。他说：

"红军大学和保卫队已经撤出战斗，正沿山沟向保安方向转移。敌人已经占领西门，正向城内逼近……"

周恩来点了下头，从容地说：

"主席他们应该出了南门了。"

于是率领身边的几个战士也从南门安全撤出，追上毛泽东一行，又躲开一小股敌军，直奔保安。

这次遇险，因周恩来沉着应对，临危不慌，终化险为夷，反映了他勇敢机智和极高的应变能力。

西安事变

就在中共中央秘密与张学良、杨虎城接触时，蒋介石也在找寻渠道，想和共产党谈判了。

他一是感到日军太咄咄逼人；二是迫于国人的舆论压力；三是想联合共产党抗日。

蒋介石转来转去，把要求与共产党谈判的信息转给了宋庆龄。宋庆龄就写了一封信，让以牧师身份活动的共产党员董健吾转交毛泽东、周恩来。

因陕北苏区处在国民党军队严密包围中，董健吾要进苏区，需要得到张学良的同意。张学良就派人护送董健吾进入苏区，他从这件事上也明白了蒋的意图。

当时毛泽东、彭德怀离开瓦窑堡东征山西，周恩来致电请示毛泽东。毛泽东复电表示："愿与南京当局开始具体实际之谈判。"

就这样，董健吾回去向宋庆龄复命，国共两党中断近十年的联系，终于在宋庆龄的推动下接通了。

按周恩来的建议，对蒋和张学良的统战工作分别进行。于是，潘汉年代表中共去南京与老蒋的代表陈果夫接触。

但到了1936年9月下旬，蒋介石平定了两广事变，觉得可以腾出手来武力解决西北问题，就向陕甘地区增兵，想消灭红军。

他还错误地估计，共产党愿与他谈判是陷入了困境，急于谋求妥协。

老蒋又想谈，又想打，反复无常，气坏了张学良和杨虎城，两位将军决定对老蒋"兵谏"。

于是，爆发了震惊中外的西安事变。

1936年12月4日，蒋介石飞到西安坐镇，要对陕甘的红军大打出手。

12月12日凌晨，张学良、杨虎城派兵到西安城外临潼华清池蒋介石的住处，经过一场激战，把老蒋擒住。

接着把西安城里的蒋介石党羽陈诚、蒋鼎文、朱绍良、卫立煌等也一网打尽。

随后，张学良、杨虎城通电全国，提出八项政治主张：

一、改组南京政府，容纳各党各派，共同负责救国；

二、停止一切内战；

三、立即释放上海被捕之爱国领袖；

四、释放全国一切政治犯；

五、开放民众爱国运动；

六、保障人民集会结社一切政治自由；

七、确实遵行总理遗嘱；

周恩来在签署作战命令

八、立即召开救国会议。

西安事变爆发的当天夜里，毛泽东、周恩来就给张学良复电：

"恩来拟来兄处，协商大计。"

12月15日清晨，周恩来一行十八人冒大雪骑马赶到延安，后乘张学良派来接他们的专机飞往西安。

周恩来此行可谓重任在肩。他以中共代表身份第一次登上苏区以外的中国政治舞台，自然会引起举国瞩目。

17日晚，周恩来一行到了西安，被安排到七贤庄一号稍事休息，随后到金家巷一号张公馆去见张学良。

张学良早就等着周恩来的到来。他和杨虎城把老蒋扣起来，可对下一步该怎么办，并没有明确的计划和统一的认识。许多事他想等周恩来到后共同协商。

当得知周恩来已到，张学良急出门迎接，说："他来了，一切就有办法了。"

两人相见，张学良先向周恩来简要介绍了一下眼前的形势：

南京政府已对张学良下了"讨伐令"。以何应钦为"讨逆军总司令"，并派飞机轰炸渭南、华县等地。

刘峙派出五个师开进潼关，围华县，进逼渭南。杨虎城部下冯钦哉师也有叛变消息。

老蒋顾问端纳带着宋美龄给蒋、张的信件飞到西安。由张学良陪同见了蒋介石。

宋美龄在给蒋的信中说："南京的情形戏中有戏。"这让老蒋受到很大震动。

在东北军、西北军内部，对如何处置蒋介石的问题也看法不一：有的主张杀蒋；有的主张把蒋送到苏区去；也有的主张蒋只要答应抗日，就放了他，还拥护他当领袖。

张学良最后表明自己的态度，说：

"我认为，争取蒋抗日，可能成功。如果他答应停止内战，一致抗日，我就放了他，还拥护他做全国抗日领袖。"

周恩来说：

"我同意你的意见。这次捉蒋是出其不意，他的实力还原封不动地保留在那里，所以对蒋的处置极需慎重。若能说服他停止内战，一致抗日，就会争取到中国免于被日寇灭亡的好前途；若杀了他，内战也避免不了，还帮了日寇的忙，会使中国的前途更坏。历史的责任，要求我们争取中国走一个更好的前途。"

周恩来的表态，增加了张学良和平解决西安事变的决心。

当晚，周恩来致电中共中央，报告了所了解到的情况，表明自己对西安事变处置意见。他的意见得到了中共中央认可，次日中共中央便发表宣言，致电国民党中央，呼吁和平解决西安问题。

由于宋子文要来西安谈判，周恩来同张学良在见面当天一起商定了五个条件。他们还商定，红军帮助东北军、西北军迎击蒋军。

根据他们的协议，红军兼程南下，主力开进庆阳、环县击退胡宗南部，然后出渭水下游侧击从潼关西进的刘峙部。随后，红军先后进据延安、瓦窑堡、延川、延长等城，并在西线控制了庆阳、环县、西峰一带。

12月18日上午，周恩来到九府街杨公馆拜会杨虎城。

周恩来首先代表中共中央向杨问候，又说明了昨夜同张学良谈话的主要内容。

杨虎城感到很意外，说：

"我原以为你们同蒋有血海深仇，这次会力主杀蒋，没想到你们会提出和平解决。"

顿了顿，又说：

"老蒋的为人你们也清楚。放了他，他将来能否真的抗日，是否对我们进行报复，我们不能不有所顾虑。我们是他部下，与你们不同。"

周恩来说：

"你们的顾虑我完全理解。但对蒋可能的报复也可以避免，只要西北三方面团结一致，进而团结全国人民，形成强大力量，以蒋一个人的力量要报复也困难。现在，蒋本人是抗日则生，不抗日则死，不仅国人逼迫他抗战，就连国际上也争取他抗日。"

杨虎城说：

"共产党以民族利益为重，对蒋以德报怨，令人钦佩啊。我本

周恩来在中共代表团驻地南京梅园新村十七号院内留影

人既已追随张副司令，只求与他的意见一致，更愿意尊重贵党方面的意见。"

就这样，杨虎城的工作也算做通了。

周恩来随后又接触东北军和西北军的其他高级将领、中下级军官以及社会各界持不同意见的朋友，进行说服工作。

12月20日上午，宋子文由端纳陪同，乘飞机来到西安。张学良与宋谈完话，陪宋来看老蒋。

蒋介石看到宋带来的宋美龄的信上说："如子文三日内不回京，则必来与君共生死。"不由感动得掉下眼泪。

宋子文是南京政府中亲英美的重要领袖，同亲日派有矛盾，又是蒋介石的妻兄。以他同蒋介石的关系和在南京政府中的地位来说，自然是一个关系重要的人物。

他这次来西安的目的，一是为同蒋介石取得联系，二是为进一

步探明情况。张学良在见到宋子文时，坦率地告诉他说：

"东北军，十七路军和红军三方面已经共同商定了和平解决的方针，只要蒋介石答应张杨通电中的八项主张，三方面将一致同意释放蒋介石。"

宋子文同来的郭增恺主张他去见周恩来，因为周恩来是个关键人物。但宋子文顾虑会被何应钦抓把柄，不敢单独同周恩来会面，就由郭增恺去见周恩来，周恩来告诉他：这次事变，中共并未参与，对事变主张和平解决，希望宋子文认清大势，权衡利害，劝说蒋介石改变政策，为国家做出贡献，并说：

"只要蒋先生抗日，共产党全力以赴，并号召全国拥护国民政府，结成抗日统一战线。"郭增恺向宋子文转达了周恩来的意见。宋子文喜出望外，对中国共产党的态度十分赞赏。第二天，他飞回南京报告。

21日，中共中央书记处致电周恩来，主张：争取蒋介石，陈诚等与之开诚谈判，在下列基础上成立和平：

第一，南京政府中增加几位抗日运动之领袖人物，排除亲日派，实行初步改组。

第二，取消何应钦等之权力，停止讨伐，讨伐军退出陕甘，承认西安之抗日军。

第三，保障民主权利。

第四，停止剿共政策，并与红军联合抗日。

第五，与同情中国抗日运动之国家建立合作关系。

第六，上述条件有相当保证时，恢复蒋介石之自由，并在上述条件下赞助中国统一，一致对日。

22日下午，宋子文、宋美龄、蒋鼎文等一起飞到西安。

蒋介石见到宋氏兄妹后表示：改组政府，三个月后开救国会议，改组国民党，同意联俄联共。他还提出两个条件：

一是他本人不出面，由宋氏兄妹代表他谈判；

二是商定的条件，他以"领袖的人格"做保证，而不作任何书面签字。

西安方面以民族利益为重，答应了他这两个条件。

23日上午，双方在张公馆张学良所住的西楼二层开始正式谈判。蒋方由宋子文出席，西安方面张学良、杨虎城、周恩来三人出席。谈判一开始先由周恩来提出中共和红军的六项主张：

一、停战、撤兵至潼关外。

二、改组南京政府，排逐亲日派，加入抗日分子。

三、释放政治犯，保障民主权利。

四、停止剿共，联合红军抗日，共产党公开活动（红军保存独立组织领导。在召开民主国会前，苏区仍旧，名称可冠抗日或救国）。

五、召开各党各派各界各军救国会议。

六、与同情抗日国家合作。

以上六项要蒋接受并保证实行。中共红军赞助他统一中国，一致对日。

宋子文听后，表示个人同意，承诺转达给蒋。下午，又就组织过渡政府、撤兵，释放爱国领袖，放蒋等问题进行了讨论。

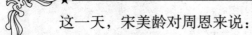

这一天，宋美龄对周恩来说：

"既然中共有诚意，应该在政府领导下共同努力。"

周恩来说，只要蒋介石同意抗日，中共拥护他为全国领袖。并且表示除蒋介石外，全国没有第二个合适的人。他还谈到国防，经济上的问题，并对抗日的长期准备作了分析。

24日上午，谈判继续进行。蒋方由宋子文、宋美龄两人出席，西安方面仍由张、杨、周三人出席。宋美龄明确表示赞成停止内战，说：

"我皆为黄帝裔胄，断不应自相残杀，凡内政问题，皆应在政治上求解决，不应擅用武力。"

她和宋子文对谈及的一些问题也都作了明确的承诺。这些承诺，中国共产党长期内一直没有把它公开发表。经过近半个世纪后，才在《周恩来选集》上《关于西安事变的三个电报》中第一次披露出来：

子、孔、宋组行政院，宋负绝对责任保证组织满人意政府，肃清亲日派。

丑、撤兵及调胡宗南等中央军离西北，两宋负绝对责任。蒋鼎文已携蒋手令停战撤兵（现前线已退）。

寅、蒋允许归后释放爱国领袖，我们可先发表，宋负责释放。

卯、目前苏维埃，红军仍旧。两宋担保蒋确停止剿共，并可经张手接济（宋担保我与张商定多少即给多少）。三个月后抗战发动，红军再改番号，统一指挥，联合行动。

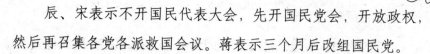

辰、宋表示不开国民代表大会，先开国民党会，开放政权，然后再召集各党各派救国会议。蒋表示三个月后改组国民党。

已、宋答应一切政治犯分批释放，与孙夫人商办法。

申、外交政策，联俄，与英、美法联络。

酉、宋表示要我们为他抗日反亲日派后盾，并派专人驻沪与他秘密接洽。

下午，周恩来同宋子文会晤，并通过宋子文同蒋约定晚间在蒋的住处与蒋会面。傍晚七时半，周恩来、博古致中央书记处电报告：

今日蒋答复说：子，下令东路军退出潼关以东，中央军决离开西北。丑，委托孔、宋为行政院长，责孔宋与张商组讨名单，蒋决令何应钦出洋，朱绍良及中央人员离开陕甘。寅，蒋允回京后释爱国七领袖。卯、联红容共。蒋主张为对外，现在红军，苏区仍不变，经过张暗中接济红军，俟抗战起，再联合行动，改番号，辰，蒋意开国民大会。已，他主张联俄联英美。

12月24日晚，周恩来由宋氏兄妹陪同来见蒋介石。蒋介石不想多说话，就装病躺在床上。见周恩来走进，才勉强坐起，说：

"恩来，真是你啊。快请坐，我能活着看见你很高兴啊。"

周恩来早习惯蒋介石的假仁、假义、假热情。落座后，说：

"我与先生有十年未见面了，先生显得苍老一些，可见先生太为国事操心了。"

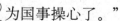

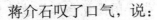

蒋介石叹了口气，说：

"我缺少像你这么能干的助手啊！恩来，以前我就器重你，可你到底跑到共产党那边去了，可惜啊。"

周恩来淡淡一笑，说：

"先生说错了，我不是跑到共产党那边去的，我原本就是共产党员。只能说，我没跑到国民党那边去。我对此，不感到可惜，反而感到骄傲。"

宋子文见两个人要说僵，忙对蒋介石说：

"我们与周先生和张、杨二人谈得都很愉快。周先生来，想当面听听您的意见。"

蒋介石显得不耐烦了，说：

"我没什么可说的了。我的部下都不听我的话，我还有什么可说的。"

周恩来说：

"只要先生能够停止内战，一致抗日，我还可以成为您的部下，包括红军也可以听您的指挥啊。"

宋美龄在一旁说：

"停止内战，一定要停止。这次多亏周先生千里迢迢赶来斡旋，不然结果说不定多坏呢！实在应该感激周先生啊。"

蒋介石这才拉长声音说：

"那好吧，就停止剿共，联红抗日，但为了统一中国，我要全权指挥。他们可以代表我谈一些具体问题。恩来，等我回南京后，有些事，你可以到南京和我谈嘛！"

就这样，初定25日放蒋回南京。

但放蒋的消息一传出，东北军和西北军的一些高级将领联合写信给宋子文，表示：商定的条件必须有人签字，中央军必须先退到潼关以东，否则就算张、杨两将军答应，我们也誓死不放蒋。

蒋介石看到信大吃一惊，立刻让宋子文去求张学良。

张学良也担心闹出乱子，觉得不如早把蒋放走，以防发生意外。

12月25日下午3时多，张学良拉着杨虎城同蒋介石夫妇及宋子文等悄悄离开住地，乘车到西郊机场。

临别，蒋介石还表示：

"今天以前发生内战，你们负责；今天以后发生内战，我负责。今后我决不剿共。我有错，我承认；你们有错，你们亦须承认。"

他还把答应的六项条件重申一遍。

张学良是个爱国的热血英雄，被蒋介石的花言巧语感动，当即说：

"我愿陪总裁飞往南京。"

然后写了一个手令：让于学忠统率东北军，听从杨虎城指挥。

在蒋介石的飞机起飞后，张学良也登上自己座机跟着飞去。

下午4时，周恩来得到消息，立即乘车赶往机场，可飞机已经飞走。他叹息道：

"汉卿就是看《连环套》那些旧戏中毒了，他不但摆队送天霸，还要负荆请罪啊！"

张学良不听周恩来劝告，亲自送蒋回南京，使西安的局势立即陷入混乱。

　　1936年，西安事变发生后，周恩来和秦邦宪、叶剑英等亲赴西安，通过谈判，促成事变和平解决。这是周恩来和秦邦宪（左一）、叶剑英（左二）在西安合影。

　　蒋介石一回到南京就翻脸了，囚禁起张学良，向西安派出重兵，企图迫使西安屈服。

　　周恩来同杨虎城及东北军、西北军高级将领协商后，由杨虎城带头致电蒋介石，抗议他扣押张学良和准备重新挑起内战的阴谋。

　　为声援西安，周恩来电请中共中央派红军主力开进关中。

　　蒋介石扣押张学良不放，东北军立即乱套，以王以哲、何柱国为首的元老派主张和平救张，以孙铭九、应德田、苗剑秋为首的少壮派主张武力救张。少壮派多是团营级实权军官。

　　少壮派在1937年1月27日晚，有二十多人到金家巷东楼会客厅向周恩来请愿，表示张学良不回来决不从西安撤兵。苗剑秋大哭说：

"你们不帮我们打老蒋，让红军开到关中干什么！"

孙铭九给周恩来跪下，一边哭，一边请红军出兵，和他们一同打蒋介石派来的部队。

周恩来说：

"蒋介石对我们共产党的血海深仇，我们永远不会忘记。张副司令和东北军与我们共产党的血肉关系，我们也永远不会忘记。凡对张副司令有好处的事，我们一定尽力而为。"

就这样，少壮派闹了多半夜，才走了。

天还没亮，南汉宸来向周恩来报告，说：

"刚才杨虎城把我叫醒，说共产党的立场他没反对，现在让我们替他打算打算。蒋介石已经对张学良下手，他的处境也危险。他说和平的前途就是牺牲他。"

周恩来说：

"你去告诉杨先生，就说我今天就去三原红军司令部驻地开会，今天晚上一定赶回来，请他放心。我们一定对得起朋友，我们决不做对不起朋友的事。"

周恩来赶到三原的红军司令部，召集张闻天、彭德怀、任弼时、杨尚昆、左权开会。他说明了西安的情况。会上大家讨论后决定：

东北军和西北军是我们的朋友，他们坚持要打，只能帮他们打一仗。

当晚，周恩来返回西安，把这一决定告诉了杨虎城和少壮派。

有红军在背后撑腰，少壮派更激烈。在他们提议下，1月29日召开了团长以上军官四十多人军事会议，研究怎么作战。

王以哲称病未出席。

何柱国仍坚持主和，却遭到多数人的反对。

王以哲、何柱国见说服不了少壮派，第二天派飞机从兰州接来于学忠。

31日晚，在王以哲家召开最高级会议。参加的人有杨虎城、于学忠、王以哲、何柱国、周恩来五人，少壮派在室外旁听。

会议开始就出现长时间沉默。

杨虎城请周恩来先讲。

周恩来说：

"我们今天是以你们的意见为意见，还是请你们先讲吧。"

杨虎城又请于学忠讲。于学忠这才说：

"我的意见还是应该和平解决，打恐怕也打不赢。"

他这么一说，王以哲和何柱国都表示同意。

杨虎城只好表示：

"你们东北军既然主和，那我们还是和平解决吧。"

但2月2日，少壮派组织卫士营一批军人突然闯进王以哲家里，把王击毙。因何柱国躲到杨虎城家，才未被害。

随后，几个军官又冲入周恩来的办公室。

周恩来见有的军官已经掏出手枪，当即明白来意。猛地站起，大声训斥道：

"你们要干什么？！你们认为这样干就能救出张副司令吗？不！这恰恰是害了他！你们破坏了团结，分裂了东北军，你们这是帮助蒋介石做他想做而做不到的事情！你们这是在犯罪！"

西安事变和平解决后，周恩来返抵延安时，在机场受到中共中央领导人欢迎。左三起：秦邦宪、张闻天、毛泽东、周恩来、彭德怀、林伯渠、萧劲光。

被他这一训斥，几个青年军官气焰顿消，低头不语。

周恩来又放缓口气，对他们开导，直到他们自感惭愧，有的还流下泪，有的甚至跪下来向周恩来认错请罪。

少壮派杀了王以哲，却激起了广大官兵的愤慨，因王以哲是元老级人物，在东北军中很有威望。驻防渭南的东北军立即回师西安，前锋已到临潼，要查办凶手。

孙铭九、应德田、苗剑秋这时慌了，想自杀以谢罪。周恩来考虑到他们在西安事变中的功绩，以及对张学良的赤胆忠心，毅然不避袒护之嫌，把三人送到红军驻地，再转往平津。

他们一走，要替王以哲复仇的人便失去目标，从而避免了东北军一场自相残杀。

刺杀王以哲事件发生后，连杨虎城都离开西安，避于红军司令部所在地三原。

中共中央也致电让周恩来等退到三原去，但周恩来让别人都撤离西安，他自己却留下来。而且在七贤庄一号公开建立红军办事处。

他很清楚：环境越险恶，他越不能离开西安。如果离开，正在建立的红军联络处就难以在西安存在，红军就难以在关中立足，国共正式谈判也难以进行。

周恩来在西安事变中表现出的非凡的胆略和气魄，充分显示出一位伟大政治家的卓越才能，由此而成为中国政治舞台上一颗耀眼的巨星。

1945年在中共七届一中全会上当选为中央政治局委员、中央书记处书记，和毛泽东、朱德、刘少奇、任弼时组成了以毛泽东为首的中共中央书记处。1946年后，任中共中央军委副主席兼代总参谋长，协助毛泽东组织和指挥解放战争，同时指导国民党统治区的革命运动。1949年中华人民共和国成立后，他一直任政府总理。1949年至1958年曾兼任外交部部长；当选为中共第八、九、十届中央政治局常委，第八、十届中央副主席，中央军委副主席；第一届全国政协副主席，第二、三、四届主席，担负着处理党和国家日常工作的繁重任务。1976年1月8日在北京逝世。